CB047535

40 DIAS
ANIMAÇÕES

Direção Geral: Sinval Filho
Coordenação Editorial: Luciana Leite
Capa e Diagramação: Jônatas Jacob
Revisão: Janaina Marques Steinhoff

Dados Internacionais de Catalogação na Publicação (CIP)
(eDOC BRASIL, Belo Horizonte/MG)

M488q   Medeiros, Eduardo.
          40 dias no mundo das animações / Eduardo Medeiros. – Osasco, SP: Lion, 2023.
          152 p. : il. ; 15 x 21 cm – (40 Dias)

          Outro título: Quarenta dias no mundo das animações
          ISBN 978-65-87533-62-9

          1. Bíblia. 2. Literatura devocional. 3. Vida cristã. I. Título.

CDD 248.4

Elaborado por Maurício Amormino Júnior – CRB6/2422

LION EDITORA

@lioneditora   @lioneditora   @lioneditora

Lion Editora - Rua Dionísio de Camargo, 106, Centro, Osasco - SP - CEP 06086-100
contato@lioneditora.com.br (11) 4379-1226 | 4379-1246 | 98747-0121

www.lioneditora.com.br

Copyright 2023 por Lion Editora

Todos os direitos reservados à Lion Editora e protegidos pela Lei n. 9.610, de 19/02/1998. É expressamente proibida a reprodução total ou parcial deste livro, por quaisquer meios eletrônicos, mecânicos, fotográficos, gravação e outros, sem prévia autorização por escrito da editora. A versão da Bíblia utilizada nas citações contidas nessa obra é a Nova Versão Internacional (NVI) salvo ressalvas do autor.

Este livro é uma publicação independente, cujas citações a quaisquer marcas ou personagens são utilizados com a finalidade de estudo, crítica, paráfrase e informação.

40 DIAS NO MUNDO DAS ANIMAÇÕES

ÍNDICE

SOBRE O AUTOR................................5

INTRODUÇÃO................................. 6

DIA 01: SHREK 9

DIA 02: A VIAGEM DE CHIHIRO 12

DIA 03: PROCURANDO NEMO 15

DIA 04: OS INCRÍVEIS 18

DIA 05: HAPPY FEET 21

DIA 06: RATATOUILLE 24

DIA 07: WALL-E............................. 27

DIA 08: UP - ALTAS AVENTURAS.................. 30

DIA 09: TOY STORY 3.......................... 33

DIA 10: RANGO.............................. 36

CHEFE 1: ANIQUILADOR....................... 39

DIA 11: ENCANTO............................ 40

DIA 12: VALENTE 43

DIA 13: FROZEN 46

DIA 14: OPERAÇÃO BIG HERO 49

DIA 15: DIVERTIDAMENTE 52

DIA 16: ZOOTOPIA........................... 55

DIA 17: VIVA: A VIDA É UMA FESTA............... 58

DIA 18: HOMEM-ARANHA NO ARANHAVERSO...... 61

DIA 19: TOY STORY 4 64

DIA 20: SOUL: UMA AVENTURA COM ALMA....... 67

CHEFE 2: BABILON............................ 70

DIA 21: PINÓQUIO 71

DIA 22: BRANCA DE NEVE E OS SETE ANÕES 74

DIA 23: SUPER MARIO BROS. O FILME........... 77

DIA 24: REI LEÃO............................. 80

DIA 25: A ERA DO GELO 83

DIA 26: MADAGASCAR 86

DIA 27: MONSTROS S.A........................ 89

DIA 28: KUNG FU PANDA 92

DIA 29: COMO TREINAR SEU DRAGÃO 95

DIA 30: RED: CRESCER É UMA FERA 98

CHEFE 3: GLADIADOR DOURADO 101

DIA 31: MOANA............................. 102

DIA 32: HOTEL TRANSILVÂNIA 105

DIA 33: UMA AVENTURA LEGO 108

DIA 34: DETONA RALPH.......................111

DIA 35: TÁ CHOVENDO HAMBÚRGUER.......... 114

DIA 36: CARROS 117

DIA 37: MEU MALVADO FAVORITO............. 120

DIA 38: FUGA DAS GALINHAS 123

DIA 39: O LORAX............................126

DIA 40: PRÍNCIPE DO EGITO 129

CHEFE 4: VINGADOR DE FERRO................ 132

MANUAL DO LÍDER 133

SOBRE O AUTOR

Eduardo Luiz de Medeiros é casado com a mulher mais linda (do seu universo), chamada Meiry Ellen e pai do incrível Joshua.

Doutor em História pela Universidade Federal do Paraná e Especialista em Teologia Bíblica pela Universidade Mackenzie.

Professor universitário e escritor de livros acadêmicos para uso em diversos cursos das humanidades, a nível nacional.

Pastor da Igreja do Evangelho Quadrangular, onde auxilia no treinamento de líderes de jovens e adolescentes em sua denominação.

Palestrante, desenvolve a temática dos conflitos entre gerações, cultura e cristianismo, pós-modernidade e igreja, entre outros temas para pais, professores e pastores.

Fundador do projeto Parábolas Geek, que originou este Devocional.

Siga o Parábolas Geek nas redes sociais!

- Parabolas Geek
- Parabolas Geek
- Parabolas Geek
- www.parabolasgeek.com

Convites para ministrações, palestras e treinamentos:
- parabolasgeek@gmail.com
- @sou.edumedeiros

INTRODUÇÃO AOS 40 DIAS NO MUNDO DAS ANIMAÇÕES

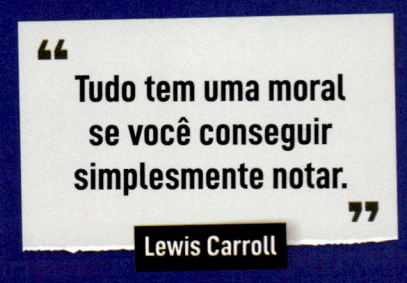

> "Tudo tem uma moral se você conseguir simplesmente notar."
> — Lewis Carroll

1 - APRESENTAÇÃO

O livro que você tem em mãos faz parte de uma coleção de livros devocionais, sendo o oitavo volume da série "40 Dias". Sobre isto, você não precisa se preocupar; cada livro funciona de maneira independente, sem a necessidade de ler os demais. No entanto, é recomendado ter a coleção, para ter uma experiência ainda mais proveitosa de leitura. Caso esta seja sua primeira experiência com o nosso trabalho, gostaríamos de apresentar os outros volumes da coleção e o tema central de cada um deles:

- 40 Dias com os Vingadores — Explorando a vida cristã;

- 40 Dias com Star Wars — Conhecendo mais sobre Jesus;

- 40 Dias com a Liga da Justiça — Descobrindo sobre missões transculturais;

- 40 Dias no Mundo dos Games — Desenvolvendo o discipulado cristão;

- 60 Dias no Mundo das Séries — Abordando a maturidade cristã;

- 40 Dias em Gotham — Superando nossas fraquezas;

- 40 Dias na Terra-média — Praticando o cristianismo.

Talvez você faça parte de nossa família há mais tempo. Se for o caso, com certeza conhece o nosso "primogênito", o Devocional Pop, lançado em 2017, um devocional anual com 366 textos sobre o cristianismo sob a ótica da cultura pop.

Nesta obra, "40 DIAS NO MUNDO DAS ANIMAÇÕES", você encontrará textos inéditos que abordam todos os filmes vencedores do Oscar de melhor animação. Completamos a lista com outras produções aclamadas pela crítica e público, totalizando o número de devocionais escolhidos.

2 - ESTRUTURA DO LIVRO

Para a série "40 Dias", pensamos em temas no formato de trilogias a serem escritos nos próximos anos. O exemplar que você tem em mãos é o segundo livro de uma trilogia "gamificada", que começou com "40 Dias no Mundo dos Games". Procuramos uma linguagem acessível para todos os públicos, especialmente o infanto-juvenil.

A estrutura de cada um dos 40 Devocionais é:

2.1 - O dia da jornada;

2.2 - O título da animação analisada;

2.3 - Um texto bíblico base para a reflexão do dia. Recomendamos memorizar o versículo que inicia cada texto;

2.4 - Uma análise do roteiro e dos personagens da animação, com resumo da sinopse e outras informações úteis para a próxima seção;

2.5 - Com base nessa introdução, elaboramos uma aplicação que relaciona o texto bíblico com características específicas do personagem, gerando princípios práticos para nossa caminhada com Deus;

2.6 - Todos os textos possuem uma seção chamada "Desafio Radical", que será explicada em breve!

3 - COMO UTILIZAR ESTE LIVRO

3.1 - LEITURA INDIVIDUAL

Recomendamos a leitura de um texto por dia, reservando um horário em sua rotina para essa atividade. Dedique estes 40 dias a Deus e priorize este momento. Leve a sério, e colherá frutos de sua dedicação!

3.2 - GRUPOS PEQUENOS

Nos últimos anos, muitos líderes solicitaram material de apoio para usar nossos devocionais em grupos. Portanto, nesta edição, há um Manual do Líder de Grupos Pequenos no final do livro. Para utilizá-lo em grupo, cada dia do Devocional vira uma semana, totalizando um ano de estudo.

Para usar coletivamente:

- Faça a leitura completa;
- Incentive a compra do livro para estudos semanais mais profundos;
- Solicite a leitura de trechos durante as reuniões;
- Utilize o Manual do Líder para guiar a discussão;
- Ao final, compartilhe testemunhos e faça orações em grupo.

4 – MODO DE LEITURA GAMER: DESAFIO RADICAL!

Iniciado no "40 Dias no Mundo dos Games", este modo de leitura propõe:

4.1 - Desafios diários que acumulam pontos;

4.2 - Ao cumprir todas as missões, avance para o próximo texto;

4.3 - A cada 10 dias, enfrente um dos nossos quatro chefes utilizando seus pontos acumulados;

4.4 - Os chefes têm valores específicos de XP. Supere-os acumulando mais pontos;

4.5 - Cada chefe requer a soma total de pontos dos dias anteriores;

4.6 - Além de ser lúdico, esse modo visa promover maior conexão com Deus;

4.7 - Ao final de cada dia, compartilhe suas reflexões em vídeo. Se for menor, peça permissão aos pais;

4.8 - Cada ficha de chefe possui uma história do monstro com pontos fortes e fracos com dicas de como derrotá-lo, além de um quadro com os pontos de experiência de cada um para que você possa visualizar os pontos necessários para sua vitória.

Aguardo vocês nos próximos 40 Dias no Mundo das Animações!

DIA 01
SHREK

Quem se isola, busca interesses egoístas, e se rebela contra a sensatez.
Provérbios 18:1

Começamos nossa jornada com um herói improvável. Um Ogro odiado e temido por todos que vivem nas redondezas de seu pântano. Seu nome é *Shrek* e, de repente, seu lar é invadido por uma série de personagens de contos de fadas. Eles estão fugindo do vilão de pouca estatura física e moral, diga-se de passagem, chamado Lorde *Farquaad*, um nobre frustrado por não ser o rei, que desprezava as criaturas mágicas. O pequeno aristocrata estava promovendo uma espécie de "limpeza étnica" no Reino de *Duloc*, resultando em uma fuga em massa destes seres para o único lugar em que não seriam perseguidos: o pântano de Shrek!

Indignado com a situação, o Ogro parte rumo ao Reino de *Duloc*, em companhia de um burro falante. Seu objetivo principal é resolver a situação das criaturas fantásticas e voltar a viver isolado e sozinho em seu pântano. Com isso, uma grande aventura terá início. Nela, ele conhecerá a princesa Fiona, por quem se apaixona, descobrindo mais tarde que, devido a uma maldição, a bela donzela, durante a noite, se transforma em uma Ogra. Através do famoso beijo de amor verdadeiro de Shrek, Fiona se transforma em definitivo no par do Ogro mais querido do mundo.

Este é o enredo inicial do filme que, foi um sucesso de público e crítica. Lançado em 2001, foi o primeiro vencedor do Oscar de melhor animação que estreia na premiação no ano seguinte ao lançamento da produção. Produzido pela *Dreamworks*, faturou cerca de U$ 891 milhões de dólares entre bilheteria e produtos. Analisaremos todas as animações que venceram o Oscar desde 2002 neste livro e esperamos que vocês gostem dos textos!

Seu sucesso se deve, em grande parte, por ser uma sátira ácida às produções do gênero, em especial aos filmes de contos de fadas da Disney. Até então, havia um padrão de comportamento e de beleza que se repetiu desde Branca de Neve (1938), Cinderela (1950), Bela Adormecida (1959) além de outras. Além de subverter o padrão deste gênero cinematográfico, ainda apresenta uma moral adequada para a realidade do século XXI, com relação aos estereótipos estabelecidos pela sociedade em que vivemos.

Iniciei este texto, dizendo que Shrek é um herói improvável, por não partir em sua jornada por um motivo nobre. Ele vai a *Duloc* para se livrar das criaturas que se esconderam em seu quintal. Ele amava a solidão e o isolamento, muito antes de nós também precisarmos deste isolamento social, devido ao período mais agudo da pandemia do novo Corona Vírus, entre 2020 e 2021. É apenas no desenrolar da trama que nosso Ogro descobre que não está sozinho no mundo e que esta será apenas a primeira de muitas aventuras que ele terá nos próximos filmes da franquia.

Somos seres relacionais. Por esta razão, o versículo de hoje aponta para o egoísmo como raiz do isolamento. Conviver em sociedade pode ser uma tarefa difícil, pois, somos diferentes uns dos outros. Nesta estrada chamada maturidade espiritual, o relacionamento é um dos pilares fundamentais. É no contato com o outro, que aprendemos mais a respeito de nossas qualidades e falhas de caráter que nos levam a mudar de comportamento.

Não vou dizer que esta é uma tarefa fácil, pois, nem todas as pessoas que cruzarem nosso caminho serão boas conosco. A grande questão, é compreender que também não somos tão bons quanto pensamos. Por mais que não gostemos de admitir, todos temos um pouco de Shrek dentro de nós. Quanto antes descobrirmos a beleza da jornada e o mal que o isolamento nos causa, mais bem-aventurados seremos em nossa vida. Nosso comportamento com os outros não deve depender dos elogios, sorrisos e palavras de encorajamento, pois tudo o que precisamos já nos foi dado por Cristo na Cruz!

Tudo isso nos ajuda a compreender a importância da igreja de Cristo na terra. É impossível ser igreja, vivendo sozinho em casa, isolado! Precisamos de outras pessoas em nossas vidas para vivermos nosso chamado nesta geração!

Se você leu a introdução do livro, já sabe o que vem a seguir. Se não leu, pare o que está fazendo e vá até lá para compreender como funciona o modo gamer que preparamos para vocês neste Devocional!

DESAFIO RADICAL 01

☐ Leitura do Capítulo 18 de Provérbios **[20 Pontos]**

☐ Escolher alguém de sua lista de contatos, mas que você não conhece muito bem, para conversar por pelo menos 10 minutos. Obs. Meninos conversam com meninos e meninas conversam com meninas. **[30 Pontos]**

☐ Escrever uma carta (não coloque seu nome ou endereço) para um desconhecido de seu condomínio ou rua. Escreva desejando a bênção de Deus sobre a vida desta pessoa e de sua família e coloque toda a sorte de bênçãos que você conseguir. Coloque em um envelope e deixe na caixa de correio desta casa ou apartamento. Talvez sua mensagem seja a resposta de uma oração que esta pessoa esteja fazendo há muito tempo! Bora ser um instrumento de Deus? **[30 Pontos]**

☐ Diário de um Desafio 1: Todos nós somos influenciadores de alguém, já parou para pensar nisso? Ao longo dos próximos 40 Dias você fará um VLOG (Vídeos Diários) sobre este tempo Devocional. Se você ainda é muito novo ou nova para ter acesso ao celular, converse com seus pais para que te ajudem, emprestando as redes deles para que você possa participar, como muitos estão fazendo! No Vlog você deve contar o que mais chamou sua atenção no texto que você leu e como foi o Desafio Radical. Esta parte do desafio é válido se você marcar o autor do Livro @parabolasgeek no Instagram ou no TikTok. Capriche! Podemos repostar alguns de seus vídeos em nossas redes sociais! **[20 Pontos]**

Pontuação Total do Desafio Radical 01:

DIA 02
A VIAGEM DE CHIHIRO

Quando eu era menino, falava como menino, pensava como menino e raciocinava como menino. Quando me tornei homem, deixei para trás as coisas de menino. 1 Coríntios 13:11

Chihiro é uma garota de dez anos que está vivendo um momento muito delicado de sua vida. Sua família está se mudando para uma nova cidade e, sabemos bem, momentos de mudança, em qualquer sentido, podem ser bastante complicados para nossa adaptação. Uma nova escola, novos amigos, outra igreja, outros vizinhos, enfim... não é fácil mudar!

Seus pais pegam um atalho na estrada durante a viagem e acabam em um vilarejo aparentemente abandonado. Em um restaurante, com comida abundante, os pais de Chihiro começam a comer as delícias do local e se transformam em grandes porcos. Rapidamente ela descobre que aquele local não é uma vila comum, mas uma espécie de portal entre o mundo dos vivos e uma dimensão em que habitam espíritos governados pela Bruxa Yababa, que é gananciosa e malvada.

A partir deste momento, a criança começa uma jornada para fugir deste lugar e resgatar seus pais da maldição a que foram submetidos. Por sorte, ela não estará sozinha, contando com a ajuda de muitas pessoas, em especial Haku, que vai ajudá-la a compreender como sobreviver nesta dimensão com regras diferentes das que temos em nosso mundo. A jovem assustada e amedrontada é obrigada a tornar-se corajosa pelo bem de sua família, assumindo muitas responsabilidades. Por isso a animação trata da transição entre a infância e a vida adulta com muitas lições para nosso aprendizado.

A Viagem de Chihiro, estreou em 2001 e foi um sucesso de público e crítica, vencendo o Oscar de melhor animação em 2003, sendo o único filme que não tenha o inglês como língua original a vencer o prêmio nesta categoria.

Em nossas vidas, é fundamental compreendermos a importância de cada uma das fases que passarmos. Não devemos pular as etapas, nem tampouco ficar mais tempo que o necessário nelas. Por exemplo, não podemos viver como crianças a vida toda. É necessário amadurecer emocionalmente e ter responsabilidade em nossas vidas, em todas as fases! No cristianismo, esta verdade é simplesmente fundamental! O texto bíblico de hoje, mostra como o apóstolo Paulo gostaria de aprofundar seu ensino para os cristãos de Corinto. Mas, por causa da imaturidade espiritual deles, ele não conseguiu o que desejava. Precisou permanecer nos ensinos elementares da fé cristã, associando seus ouvintes a crianças espirituais.

Esta analogia do apóstolo Paulo, nos ajuda a compreender a saga de Chihiro, pois, assim como a protagonista precisa amadurecer para salvar seus pais e voltar para seu mundo, nós também precisamos crescer espiritualmente! Fazemos isso para que possamos, não apenas ouvir a Palavra de Deus, mas também a colocar em prática o que ouvimos! Com certeza pode parecer mais simples e seguro não assumir responsabilidades, mas é a melhor forma de viver as grandes aventuras de Deus!

DESAFIO RADICAL 02

- [ ] Leitura do capítulo de 1 Coríntios 13 **[20 Pontos]**

- [ ] Conversar com seus pais ou líderes para que te digam uma área de sua vida em que você precisa amadurecer. (Muitas vezes não conseguimos reconhecer por conta própria nossas fraquezas!) **[30 Pontos]**

- [ ] Maturidade está muito associada a servir com alegria. Peça para seus pais ou responsáveis para ajudar em algo que você nunca fez em casa até hoje. **[30 Pontos]**

- [ ] Diário de um Desafio 2: Como foi conversar com seus pais ou líderes? O que mais te chamou a atenção na leitura de 1 Coríntios 13? O que seus pais pediram para você fazer que você ainda não tinha feito? Queremos assistir o seu VLOG de hoje! Então poste logo! **[20 Pontos]**

Pontuação Total do Desafio Radical 02:

DIA 03
PROCURANDO NEMO

Quando ouviram sobre a ressurreição dos mortos, alguns deles zombaram, e outros disseram: "A este respeito nós o ouviremos outra vez". Atos 17:32

Na Grande Barreira de Coral australiana, vivem os peixes-palhaços *Nemo* e seu pai, o super protetor *Marlin*. Ele ficou assim, depois que uma Barracuda devorou sua esposa e seus filhos. Apenas Nemo sobrevive a esta tragédia. O jovem peixe tem o desejo de explorar o Oceano e seu pai o repreende, durante uma excursão da escola. Este evento faz com que o jovem peixe-palhaço deixe o recife de segurança e acaba capturado por mergulhadores.

Nemo vai parar no aquário de um dentista enquanto aguarda ser dado como presente para a sobrinha do profissional, chamada *Darla*, conhecida pelos outros animais marinhos do aquário como: a "Matadora de Peixes". Neste lugar, Guelra é o líder dos animais e tem um plano para fugirem da prisão aquariana em que se encontram, para a liberdade do mar. Eles queriam entupir o filtro do Aquário para forçar o dentista a colocá-los em sacos plásticos para que de lá tivessem a oportunidade de fugirem. Por causa de seu tamanho, Nemo é escolhido para a parte mais importante da missão, mas ela não dá certo e o peixinho sai de lá quase morto. Mesmo assim, Nemo consegue fugir, deixando seus amigos para trás, enquanto seu pai e uma nova amiga chamada Dory, procuram por ele.

Procurando Nemo é um filme de 2003, produzido pela Pixar, vencendo o Oscar de melhor animação em 2004, sendo indicado a mais três categorias incluindo melhor roteiro original. Gostaria de utilizar os acontecimentos no aquário para refletir a respeito de algo muito importante neste dia com vocês. Nemo aparentemente fracassou em seu intento de levar todos os seus amigos para fora do aquário, pois ele não viu o resultado de suas ações, já que foi para o oceano logo depois do que aconteceu. O que ele não sabia, era que, de fato, o novo filtro instalado deu problema e o plano de Guelra se concretiza, algum tempo depois.

Esta cena da animação é muito semelhante aos resultados visíveis de nossa missão para compartilhar nossa fé em Cristo com outras pessoas. Nem sempre seremos ouvidos e então seguimos com as nossas vidas. Porém, o que podemos ter certeza absoluta, é que a semente do Evangelho foi plantada e, no tempo certo, ela germinará e esta pessoa será convencida, pelo Espírito Santo sobre a necessidade de arrependimento genuíno e da Salvação que está em Cristo Jesus.

Todos devem saber a respeito de nossa fé, afinal não podemos ser "agentes secretos" do Reino. A grande questão é que, para aqueles que nos conhecem, precisamos pregar através de nossas atitudes, e não apenas a partir de nossas palavras.

O fato de não conhecermos os desígnios de Deus, não deve nos fazer desanimar de nossa principal missão na terra, muito pelo contrário. A Bíblia nos avisa sobre esta dinâmica espiritual com muita clareza:

"Eu plantei, Apolo regou, mas Deus é quem fazia crescer;" 1 Coríntios 3:6

Faça seu melhor nesta geração! Compartilhe a mensagem do Evangelho com o maior número de pessoas possível! Plante a semente do Reino nos corações, tendo a certeza de que ela crescerá, seja instantaneamente ou em um futuro próximo!

DESAFIO RADICAL 03

☐ Leia o capítulo de Atos 17 **[20 Pontos]**

☐ Dia de falar de Jesus para outras pessoas! O primeiro desafio evangelístico será escrever um post sobre Jesus em suas redes sociais e marcar o maior número de pessoas (Mínimo de 20 pessoas) **[30 Pontos]**

☐ Agora é a hora de falar de Jesus para alguém que ainda não O conhece em sua escola, faculdade, trabalho família ou vizinhança. Será mais simples do que parece. Você irá até esta pessoa (Se for muito novo, seus pais ou responsáveis deverão ir com você) e tudo o que você precisa fazer é orar por esta pessoa, parente, amigo ou conhecido. Ore pela vida dela, desejando toda a sorte de bênçãos para sua vida. Ao fim, diga que você tem fé em Jesus Cristo para que tudo o que você orou seja realidade na vida desta pessoa! Quantas vidas serão abençoadas por este desafio! **[30 pontos]**

☐ Diário de um Desafio 3: Como foi a sua experiência de hoje? Fazer evangelismo virtual e orar por alguém? Estamos curiosos para saber! Bora gravar e postar seu vídeo! **[20 Pontos]**

Pontuação Total do Desafio Radical 03:

DIA 04
OS INCRÍVEIS

Graças ao grande amor do Senhor é que não somos consumidos, pois as suas misericórdias são inesgotáveis. Renovam-se a cada manhã, grande é a tua fidelidade! Lamentações 3:22,23

No passado, o mundo contava com a presença de super-heróis que protegiam a população. Porém, um movimento contrário da opinião pública acaba criminalizando a atuação dos heróis, levando estes personagens a abandonarem os uniformes e entrarem em um programa do governo para que pudessem adotar uma nova vida "normal". Entre eles, está a família Pêra, que conta com Roberto e Helena, outrora Senhor Incrível e Mulher-Elástica e seus filhos, Flecha, Violeta e Zezé, que não viveram a Era de Ouro dos heróis e precisam esconder seus poderes da sociedade.

Roberto Pêra não consegue se adaptar a uma vida comum, e sofre muito nos trabalhos que o governo consegue para ele, pois sente falta de quando possuía um propósito mais elevado como um herói. Este cansaço da rotina em que vive, vai leva-lo a cair em uma armadilha de seu inimigo e antigo admirador Bochecha ou melhor, Gurincrível.

Os Incríveis é um filme dos estúdios Pixar, produzido em 2004, venceu o Oscar de melhor animação no ano de 2005 e o Oscar de Melhor Edição de Som, além de vários outros prêmios. Na arrecadação, o filme, que custou 92 milhões de dólares para ser produzido, rendeu mais de 630 milhões de dólares, ou seja, um estrondoso sucesso.

Gostaria de aproveitar a história do protagonista do primeiro filme da franquia para analisar algo muito sério com vocês no dia de hoje. A vida de Roberto ao abandonar o trabalho como Sr. Incrível era entediada e desanimada. Esta situação só melhorou quando voltou a usar seu uniforme.

Conheço muitos cristãos que vivem sua vida com Deus da mesma forma como Roberto Pêra em seu trabalho como vendedor de seguros. Deixaram a expectativa e empolgação dos primeiros dias para viver uma religiosidade vazia.

Para ajudar estes irmãos e irmãs em Cristo, gosto muito do texto base de hoje, proferido pelo profeta Jeremias em um contexto muito complicado.

Grande parte do povo de Judá havia sido levado cativo para a Babilônia; o Templo de Salomão, os muros e a cidade de Jerusalém, foram completamente destruídos. O profeta Jeremias, após quarenta anos de ministério, ficou para trás com poucos que restaram, em um monte de escombros. Mesmo em meio as lágrimas que deram origem ao poema do livro das Lamentações, o profeta conseguiu encontrar espaço para falar da misericórdia de Deus.

Desta forma, devemos aprender com Jeremias que nossa fé não pode estar pautada por aquilo que nossos olhos enxergam, mas sim pelo que a Bíblia nos diz. Jeremias reproduziu o que outros já haviam dito antes dele sobre esta questão, como o próprio cronista, durante o reinado de Davi, muito tempo antes do nascimento de Jeremias:

"Rendam graças ao Senhor, pois ele é bom; o seu amor dura para sempre." 1 Crônicas 16:36

Não se esqueça, o cristianismo pode e deve ser uma aventura constante em sua vida, pois onde mais você pode ver vidas transformadas por Deus, a partir da sua pregação do Evangelho de Cristo para aqueles que precisam desta mudança de vida e ainda não sabem disso?

Desânimo, rotina e enfado só acontecerão se você deixar de enxergar as misericórdias de Deus que se renovam a cada manhã, sobre a sua vida e também nas vidas daqueles que cruzarem seu caminho nesta geração!

DESAFIO RADICAL 04

▪ Leia o capítulo de Lamentações 3 **[20 Pontos]**

▪ Uma das maiores bênçãos que podemos ter é aprender com as experiências de outras pessoas. Hoje, você vai mandar uma mensagem para seu pastor ou líder do seu departamento para perguntar se ele ou ela passam por momentos no ministério como Roberto Pêra em seu trabalho com seguros. Se a resposta dele for "Sim", pergunte o que ele faz quando isso acontece. Se a resposta for "Não", pergunte o que ele faz para permanecer sempre animado com seu ministério! **[30 Pontos].**

Obs.: Caso você não seja cristão, você pode procurar uma igreja perto de sua casa para perguntar ao pastor responsável sobre isso.

▪ Para permanecer firme e animado com sua vida cristã, além da comunhão com outros irmãos e irmãs em Cristo, precisamos viver as Disciplinas Espirituais em nossa vida cotidiana. Por isso, faça uma pesquisa na Internet sobre este assunto e anote em seu caderno as disciplinas espirituais. (Separe um caderno para suas anotações nesta jornada!) Vamos usar esta informação em outros desafios! **[20 Pontos]**

▪ Diário de um desafio 4: Faça um resumo sobre como foi conversar com seu pastor ou pastora sobre seu ministério. Com certeza, você recebeu dicas muito importantes que você deve levar para sua vida inteira! E sua pesquisa as disciplinas espirituais? Já conhecia todas elas? Conte para seus seguidores! Queremos saber como foi seu desafio de hoje! **[30 Pontos]**

Pontuação Total do Desafio Radical 04:

DIA 05
HAPPY FEET

Há quem considere um dia mais sagrado que outro; há quem considere iguais todos os dias. Cada um deve estar plenamente convicto em sua própria mente. Romanos 14:5

Os Pinguins Imperadores habitam a Antártida e são bastante característicos em seu comportamento: a vida da comunidade é um grande musical! Todos são exímios cantores e usam esta habilidade para serem socialmente aceitos. Todos exceto *Mano*, que não consegue cantar, mas, por outro lado, nasceu com um talento natural para o sapateado!

Infelizmente para ele, o fato de não ser um cantor, limita sua atuação em seu grupo, sendo considerado um pinguim estranho e muito diferente dos demais. Ao mesmo tempo, uma grande crise acontece em meio à Comunidade dos Pinguins Imperiais: os peixes simplesmente desapareceram repentinamente, gerando a falta de comida para todo o grupo. Esta será a oportunidade perfeita para Mano provar seu valor. Por isso, ele parte do conforto e segurança de seu Lar para desvendar o sumiço dos peixes. No caminho, ele encontra um novo grupo de pinguins com quem faz amizade.

Este é o enredo, muito, mas muito resumido de *Happy Feet*, animação, lançada em 2006 pela *Warner Bros*, vencedor do Oscar de melhor animação em 2007.

Quero aproveitar a história de Mano para falar a respeito de um elemento muito presente no cristianismo protestante, não apenas brasileiro, mas no mundo todo: as denominações evangélicas. Vivemos em um mundo onde as pessoas consideram as outras como adversárias que precisam ser derrotadas. Voltando ao nosso exemplo de hoje, o fato de Mano não saber cantar, não fazia dele menos pinguim que os demais. No caso das denominações, na maioria dos casos, as diferenças são periféricas e pequenas, quando comparadas às semelhanças e pontos de conexão entre os diferentes grupos que atuam no país.

Claro deve estar para todos nós, que existem pontos inegociáveis, como por exemplo, a Bíblia Sagrada ser a única regra de fé para os cristãos, bem como Cristo ser o centro de tudo o que fizermos como igreja. Agora, se seu irmão gosta de cultuar ao Senhor de terno e você não, o que isso muda na relação dele com Deus? Se você lê a Bíblia em papel e seu irmão prefere os aplicativos, qual o problema? Por último, se na igreja de seus amigos, os irmãos oram mais alto e na sua, os irmãos são mais comedidos nesta área, o que isso muda na salvação de cada um?

Precisamos tomar cuidado com o julgamento excessivo que costumamos fazer contra aqueles que pensam e agem diferente de nós. A igreja de Cristo precisa se unir em torno daquilo que é mais importante: pregar o Evangelho para todas as pessoas que ainda não o ouviram. Não devemos perder nosso tempo debatendo questões menores, pois, enquanto fazemos isso, vidas preciosas serão perdidas, sem a revelação que carregamos sobre Jesus.

Os diferentes grupos de pinguins de Happy Feet, podem representar as diferentes denominações evangélicas que, embora tenham práticas distintas, enquanto alguns cantam, outros sapateiam, ainda assim, todos são pinguins. Neste sentido, se as nossas diferenças não abalam o centro de nossa fé, a partir de uma base doutrinária e teológica comum, então todos continuamos cristãos!

O Centro da Igreja Cristã saudável foi, é e sempre será... Cristo!

DESAFIO RADICAL 05

☐ Leia o capitulo 14 de Romanos **[20 Pontos]**

☐ A ignorância só pode ser combatida a partir do conhecimento do que desconhecíamos. A partir do tema do Devocional de hoje, vamos estudar um pouco a história de sua denominação. Peça ajuda de seu líder e pastor para que te indique um site ou livro confiável para esta pesquisa, ou simplesmente peça para que ele ou ela conte sobre como a denominação a que você pertence, começou. **[30 Pontos]**

☐ Além da sua denominação, a Igreja Local em que você congrega também é muito importante para sua formação Cristã, afinal, sua vida em Cristo, tem muita relação com este local especial. Converse com seu pastor e peça para que ele conte um pouco da história desta edificação que você frequenta. A igreja já existia quando o pastor chegou? Quem foi o pastor que o antecedeu? Ela era igual ao que é hoje, quando ele chegou? Quais os principais desafios que ele ou ela enfrentaram nestes anos à frente de sua igreja? Não se esqueça de agradecer pelo tempo que ele dedicou a responder suas perguntas! **[30 Pontos]**

☐ Diário de um Desafio 5: Conte no vídeo de hoje, o que você aprendeu sobre sua denominação e igreja local! Você sabia de tudo, ou aprendeu coisas novas? A história e o testemunho da jornada de seus pastores, inspirou você a se dedicar mais à Igreja e ao chamado de Deus para sua vida? Conte tudo, pois queremos saber! **[20 Pontos]**

Pontuação Total do Desafio Radical 05::

DIA 06
RATATOUILLE

Cada um exerça o dom que recebeu para servir aos outros, administrando fielmente a graça de Deus em suas múltiplas formas. 1 Pedro 4:10

Remi é um rato que vive com sua família em uma grande colônia que fica em uma casa no interior da França. Ele possui um talento nato que o diferencia de seus irmãos: um aguçado olfato que o leva a distinguir temperos e comida saudável de comida envenenada. Este dom o ajuda a proteger sua família. A descoberta da colônia pela dona da casa, faz com que Remi se separe de sua família e inicie uma aventura pelos esgotos franceses que o levará ao restaurante de seu ídolo, o chef *Auguste Gusteau* que usava sua máxima nos programas de TV que o pequeno rato assistia: "Qualquer um pode cozinhar".

Nesta jornada, ele conhece o jovem *Alfredo Linguini* que não possui nenhum talento para a culinária. A união secreta, e improvável dos dois, resultará em pratos incríveis que levantará o interesse do público e da crítica especializada no restaurante em que Alfredo trabalha.

Esta é uma parte do roteiro do filme *Ratatouille*, produzido pela Pixar, que venceu o Oscar de melhor animação em 2008. Quero aproveitar esta aliança improvável de *Linguini* com *Remi*, para falar sobre algo muito presente no contexto do cristianismo: sinergia.

A igreja cristã é um lugar com pessoas muito diferentes que tem algo em comum: a crença na morte e ressurreição de Jesus Cristo como sacrifício perfeito pelo pecado e que por isso creem que são salvos pela graça e fé em Jesus. Sozinhos, somos limitados, mas, quando usamos e combinamos nossos dons e talentos com outros irmãos, obras grandiosas são realizadas para a glória de Deus!

Uma mentalidade de comunidade é algo difícil de alcançarmos em uma sociedade cada vez mais individualista e egocêntrica. O conceito bíblico de servir ao próximo parece excêntrico e distante da realidade da maioria das pessoas em nossa geração.

O texto base para o Devocional de hoje, nos mostra o verdadeiro propósito de dons e talentos, no contexto de igreja, que é servir aos demais. Note que não existe margem de manobra para autopromoção ou para exaltação pessoal neste ponto. Ou servimos aos demais com os nossos talentos naturais e dons espirituais, ou o que estamos fazendo não serve para nada! Simples assim.

Da mesma forma como na animação de hoje, apenas a partir da combinação dos talentos dos protagonistas, foi possível realizar uma grande obra, digna do chef Gusteau. Na vida cristã real, apenas com o trabalho conjunto de pessoas distintas, com diferentes dons e talentos, podemos realizar uma grande obra, digna de nosso Mestre Jesus!

Veja como o Reino de Deus é incrível! Para sermos relevantes e deixarmos um legado para a próxima geração, precisamos da ajuda de nossos irmãos em Cristo! Tudo isso para que a glória pelas realizações não fique com homens e mulheres fracos e falhos como nós, mas com o Senhor que é o único Digno de receber a honra e a glória pelos frutos do nosso trabalho!

Que você possa fazer parte deste exército sem face, que vive em comunhão com seus irmãos, com o propósito de trazer o Reino de Deus, nesta geração!

DESAFIO RADICAL 06

☐ Leitura de 1 Pedro, capítulo 4 **[20 Pontos]**

☐ Sinergia foi a palavra-chave do Devocional de hoje. Você faz parte de algum departamento de sua Igreja Local? Se a resposta for SIM, você identifica pessoas com dons, talentos e temperamentos diferentes do seu neste ambiente? Em seu caderno de anotações, escreva pelo menos 03 coisas que você entende que precisa melhorar para se relacionar melhor com as pessoas, em seu trabalho na igreja. Agora se a sua resposta foi NÃO, escreva em seu caderno de anotações, pelo menos 03 departamentos ou áreas da sua igreja em que você gostaria de servir. Escreva também, o que você precisa fazer para atuar em cada uma delas. Por exemplo, LOUVOR: Saber tocar um instrumento ou cantar. Separar tempo para ensaiar as músicas em casa e na igreja. Ter disponibilidade para cumprir escalas. Ter uma vida devocional séria e consistente. Das três áreas, qual é aquela que você teria mais condições de contribuir? Converse com seu líder sobre como você poderia atuar na área escolhida. **[30 Pontos]**

☐ Vamos aproveitar a frase do chef Gusteau para encorajar alguém neste dia! Cada oportunidade para abençoar alguém deve ser aproveitada! Ao invés de usarmos a frase do filme, faremos o seguinte: Escreva em um papel a seguinte frase: *Jesus ama você! João 3:16* (Decore como você quiser esta página).Coloque em um envelope ou simplesmente dobre. Saia na rua e entregue para a primeira pessoa que cruzar o seu caminho! Você perderá o medo de falar de Jesus para as pessoas, e quem receber seu bilhete, será abençoado ou abençoada! Todos ganham neste desafio! **[30 Pontos]**

☐ Diário de um Desafio 6: Quantas experiências você tem para compartilhar neste dia! Queremos saber como foi entregar o bilhete para um estranho na rua e sua análise para escolha de uma área para atuar em sua igreja! Estamos aguardando seu vídeo! **[20 Pontos]**

Pontuação Total do Desafio Radical 06: ☐

DIA 07
WALL-E

O Senhor Deus colocou o homem no jardim do Éden para cuidar dele e cultivá-lo. Gênesis 2:15

O ano é 2805. Neste futuro distópico, a Terra foi transformada pela humanidade em um lixão de dimensões planetárias. Séculos de depredação do meio ambiente tornaram nosso planeta inabitável. O remanescente de nossa espécie vive na órbita do Planeta em uma nave espacial chamada Axiom.

No passado, a corporação responsável pelo consumismo descontrolado, tentou limpar a superfície da terra, enviando os robôs compactadores de lixo, chamados de Wall-E. Sua missão era recuperar a superfície terrestre no prazo de cinco anos, porém o plano não funciona por causa da poluição do ar, o que manterá a população fora do planeta indefinidamente.

Quando o filme começa, descobrimos que restou apenas uma unidade compactadora de lixo que acabou adquirindo algumas características humanas de comportamento. Ele coleciona utensílios recolhidos do lixo e guarda em seu abrigo. Entre eles, está a muda de uma planta que cresceu em meio ao lixo. Esta planta traz uma unidade ultra avançada chamada EVA, por quem WALL-E se apaixona. A partir deste ponto, uma grande aventura será desencadeada, na qual a sobrevivência do remanescente da humanidade será colocada em risco.

Este é o enredo inicial da animação que leva o nome da unidade compactadora de lixo. WALL-E, foi lançado em 2008 pelos estúdios da Pixar e venceu o Oscar e o Globo de Ouro de Melhor animação no ano seguinte.

Quero aproveitar este filme incrível para abordar um tema pouco falado no contexto do cristianismo: o cuidado com o meio ambiente. Esta deveria ser uma preocupação de todos os cristãos, no sentido de recebermos esta ordenança diretamente de Deus, como está escrito no texto base de nosso devocional. A humanidade é o maior inimigo da natureza, a partir de seu comportamento destrutivo que já dura milênios. Desmatamento, poluição, milhares de toneladas diárias de lixo, destruição da camada de ozônio, queimadas, enfim, a lista é muito longa e triste. Muitas mudanças climáticas que temos presenciado em nossos dias acontecem por causa de nossa falta de cuidado com nossa primeira casa, que é o nosso planeta.

Neste sentido, o que podemos fazer, diante de um problema como este? Como indivíduos, não conseguiremos resolver as queimadas, ou despoluir os oceanos, mas podemos começar pelas nossas casas e famílias. Separe o lixo reciclável do orgânico em sua casa. Converse com seu pastor ou líder para saber o que sua igreja local pode fazer para contribuir com esta causa!

Até o presente momento, a Terra é o único planeta com características que possibilitam a proliferação da vida orgânica, entre elas o ser humano. Mesmo que existam outros planetas habitáveis por aí, não temos tecnologia suficiente para explorar o universo nesta busca. Por esta razão, a única solução possível é minimizarmos o impacto que nossas ações têm causado por aqui.

Talvez você esteja pensando que suas atitudes são quase nada, perto deste desafio, mas nunca despreze o potencial que o exemplo e a atitude têm para multiplicar! As futuras gerações contam com você!

DESAFIO RADICAL 07

☐ Leia o Capítulo 02 de Gênesis **[20 Pontos]**

☐ Dia de desafios envolvendo o meio ambiente! Em primeiro lugar, vamos observar nossa própria casa. Caso sua família não faça a coleta seletiva, que tal começar hoje mesmo? É muito simples e faz uma grande diferença na destinação do lixo corretamente. Pesquise sobre este tema e em como você pode fazer parte deste movimento. Agora, caso vocês já separem o lixo reciclável, aprofunde um pouco esta prática e verifique o que mais vocês como família podem fazer para cuidar do nosso planeta? Separar o óleo usado, pilhas, lâmpadas, eletrodomésticos velhos, enfim. Para quase tudo existe uma destinação adequada que leva o cuidado com a natureza em consideração. Implemente pelo menos uma destas destinações corretas em sua casa! **[30 Pontos]**

☐ Em segundo lugar, o que sua Igreja pode fazer neste sentido? Converse com sua liderança para saber se existe alguma prática de reciclagem do lixo que a Igreja acumula ao longo do mês? A pontuação do desafio é apenas descobrir a informação sobre a reciclagem com seu pastor. Porém, você pode ajudar neste propósito conscientizando os irmãos mais velhos, preparando campanhas sobre o tema para que a igreja fale sobre, seja nos recados semanais, ou nos grupos internos de comunicação. Com muito pouco esforço, você está contribuindo para que Wall-E continue sendo APENAS uma animação, sem nenhuma semelhança com a nossa realidade! **[30 Pontos]**

☐ Diário de um Desafio 7: Completamos uma semana de VLOG! Vamos aproveitar esta marca impressionante, para contar para as pessoas como foi esta experiência até agora! Está gostando dos desafios radicais? O que você espera dos próximos dias? O mais importante é saber se você está mudando seu relacionamento com Deus através dos textos e dos desafios! Seu testemunho de hoje, vai encorajar outros como você a começarem esta jornada! **[20 Pontos]**

Pontuação Total do Desafio Radical 07:

DIA 08
UP - ALTAS AVENTURAS

Descobri que não há nada melhor para o homem do que ser feliz e praticar o bem enquanto vive. Eclesiastes 3:12

Carl Fredericksen, é um vendedor de balões que se casou com a aventureira Ellie. O casal sonha viver em um local chamado de *Paraíso das Cachoeiras*, na Venezuela e começa o planejamento para realizar seu sonho. O grande problema é que os contratempos da vida, adiam a viagem por anos a fio. Quando *Carl*, finalmente compra as passagens, *Ellie* morre de velhice, em uma das cenas mais tristes que vi em uma animação. Desde então, o senhor idoso, vive trancado em sua casa, sem um propósito de vida.

Assediado por construtoras que levantam verdadeiros arranha-céus no entorno de sua velha casa, ele tem então um plano inusitado: viajar para a Venezuela, levando sua casa através de milhares de balões com gás hélio. Tudo corria muito bem, até que conhece o jovem escoteiro *Russel* que aparece em sua porta e acabará participando, involuntariamente desta aventura, que contará ainda com um cachorro falante, uma ave mítica e um explorador inescrupuloso.

Up - Altas Aventuras foi um estrondoso sucesso (acredito que vamos repetir esta frase muitas vezes neste livro!). Produzido pela Disney - Pixar, foi lançado em maio de 2009. Recebeu cinco indicações ao Oscar, vencendo em duas categorias: Melhor trilha sonora e melhor animação, na premiação de 2010. Além disso, foi a segunda animação a ser indicada ao Oscar de melhor filme.

Um filme como *Up*, revela a estratégia dos estúdios que atendem as crianças por um lado, e os adultos por outro. O enredo e a lição moral do filme, claramente, dialogam com pessoas mais maduras. Vários princípios poderiam ser tratados aqui, mas que, pelo espaço que temos, precisamos escolher um. Acredito muito que nossos sonhos são baterias que nos mantém conectados a um propósito, plano ou projeto de vida. Talvez, os contratempos da vida de Carl e Ellie, também estejam acontecendo com você que lê estas páginas. Talvez alguns anos tenham passado e muitas coisas que você planejou ainda não aconteceram. Pode ser que você diga para si mesmo que o tempo para ser feliz já passou, depois de tantas desilusões e frustrações. Pode ser que tudo isso esteja acontecendo com você neste dia.

Três considerações sobre isso:

1. Nunca é tarde demais para ir atrás de seus sonhos e projetos! Não, o tempo de servir a Deus nesta geração não passou para você! Não, você não está velho demais para estudar e se preparar! O tempo certo para fazer isso é hoje!
2. Submeta seus sonhos a Deus, pois Ele tem os melhores planos para nossas vidas! Entregar algo tão precioso pode parecer loucura, mas com certeza devemos confiar em Seu cuidado conosco.
3. Muitas pessoas passaram pela mesma dor que nosso personagem de hoje através da tragédia da pandemia da Covid-19 nos últimos anos. O filme nos mostra que, após a dor da separação, e do tempo do luto, a vida continuará seu curso.

Aproveite as oportunidades com as pessoas que você ama hoje! Caso precise pedir perdão a alguém, faça isso agora! Não deixe para depois, pois nossas oportunidades não duram para sempre! Por isso, viva seu presente com intensidade!

DESAFIO RADICAL 08

☐ Leitura de Eclesiastes 3 **[20 Pontos]**

☐ Pegue seu caderno de anotações e coloque no papel, TODOS os seus sonhos! Não existe número mínimo ou máximo, escreva sobre todos aqueles que você lembrar. Se mais tarde lembrar de mais, anote! Estes sonhos podem envolver sua família também, sem problemas! Não se esqueça de deixar um espaço de algumas linhas para cada sonho por causa do próximo item de nosso desafio! **[20 Pontos]**

☐ Ore a Deus e apresente a Ele todos os sonhos escritos em seu caderno. Peça a Deus para que os seus sonhos estejam alinhados com os sonhos Dele para sua vida! **[20 Pontos]**

☐ Reflita um pouco sobre os sonhos que você escreveu no item anterior. Agora que já apresentou a Deus todos eles, é tempo de pensar na prática em como você pode realizar estes sonhos. Pense em cada um deles e seja o mais simples e prático nesta descrição. Por exemplo: Morar em outro país para estudar ou para ser missionário. O que eu preciso: aprender a língua local, escolher a instituição de ensino ou o projeto missionário para levantar os custos desta viagem. Com os valores, pensar em como poderei pagar por este sonho, se através de ofertas e financiamento coletivo, pelo trabalho por temporada até levantar o valor necessário ou ainda com pais e familiares. Faça do seu jeito, mas não esqueça que a descrição precisa ser a mais clara, simples e explicada possível. **[20 Pontos]**

☐ Diário de um Desafio 8: Hoje é dia de compartilhar alguns de seus sonhos no Vlog de hoje! Conte como foi orar para entregar a Deus cada um deles e algumas estratégias para realiza-los! **[20 Pontos]**

Pontuação Total do Desafio Radical 08:

DIA 09
TOY STORY 3

E ninguém põe vinho novo em vasilhas de couro velhas; se o fizer, o vinho rebentará as vasilhas, e tanto o vinho quanto as vasilhas se estragarão. Pelo contrário, põe-se vinho novo em vasilhas de couro novas".
Marcos 2:22

Woody, *Buzz Light Year* e todos os brinquedos de Andy estão vivendo um momento muito delicado em suas existências: seu dono cresceu e vai para a Universidade. Enquanto pensam em como será sua vida no sótão, esperando quem sabe um dia, que seu dono tenha filhos que possam mais uma vez, brincar com eles. Apenas Woody iria com ele para a Universidade.

Um mal-entendido, porém, faz com que os brinquedos parem na caixa de doações para uma escola, a *Sunny Side*. A aventura começa com Woody se movendo para resgatar seus amigos. O roteiro, e os novos personagens, alguns amigáveis outros nem tanto, farão com que *Toy Story 3* seja um verdadeiro clássico das animações.

Toda a operação de resgate, é o pano de fundo para a verdadeira motivação do longa: a transição da adolescência para a vida adulta de Andy e como isso impacta seus brinquedos. O dilema entre deixar o passado para abraçar o futuro é emocionante e um dos finais mais incríveis de um desenho animado que tive o privilégio de assistir. A partir do momento em que Andy consegue abrir mão de seu passado, seus brinquedos encontram uma nova criança e a oportunidade de serem felizes com ela.

Toy Story 03, foi aclamado pela crítica, indicado a quatro estatuetas do Oscar, vencendo como Melhor Animação e Melhor Canção Original, na cerimônia de 2011.

Vamos aproveitar este filme excelente, para falar sobre o processo de maturidade em nossas vidas. Muitas pessoas querem crescer, sem, porém, abrir mão do passado que as mantinha na imaturidade. Esta transição é representada pelo momento em que Andy entrega Woody para Bonny. Neste sentido, responda: existe algo ou alguma coisa que você precisa abrir mão em sua vida para avançar ao próximo estágio de sua vida?

Por exemplo, padrões de comportamento imaturos, práticas que não condizem com o que a Bíblia nos diz a respeito de como um cristão deve se portar diante de seus irmãos e da sociedade de maneira geral, pecados ocultos que precisam vir à tona para que você possa viver em novidade diante de Deus e dos homens, enfim a lista é grande! Não se preocupe, pois aprofundaremos esta questão nas atividades de hoje.

Crescer é um processo doloroso em todos os sentidos! A relação entre resolver o passado para viver o futuro nos envolverá em diversas tomadas de decisão ao longo de nossas vidas e precisamos nos preparar! Não fique preso ou presa ao seu passado, seja por frustrações com pessoas ou por atitudes erradas que você mesmo tenha tomado em algum momento e que te impedem de voltar e recomeçar.

Entregue suas frustrações diante da Cruz de Cristo, peça perdão a quem precisar pedir e viva as novas estações que Deus tem para sua vida, afinal ela é curta demais para perdermos tempo com mágoas. Compreender isso beneficia não apenas a nós mesmos, mas também aqueles que estiverem ao nosso redor.

Esta geração precisa de jovens maduros em quem eles possam se espelhar para uma vida digna diante de Deus e dos homens. Será que você pode ser um deles?

DESAFIO RADICAL 09

☐ Leitura de Marcos 2 **[20 Pontos]**

☐ Tempo de oração. De maneira especial, coloque diante de Deus suas fraquezas e todos os pecados ocultos que você não consegue deixar de praticar. Aprenda a derramar seu coração na Presença de Deus, que é o lugar mais seguros em que podemos estar! Peça para que Ele fortaleça você para que possa vencer este grande desafio! **[20 Pontos]**

☐ Agora que você orou, vamos fazer algo na prática para vencer este desafio. Pegue seu caderno de anotações e escreva qual ou quais são os gatilhos para que você venha a cometer o pecado que você quer deixar. Por exemplo, ficar sozinho em casa para acessar aquilo que eu sei que não deveria assistir na Internet. Como você resolve este problema, na prática? Cuidando para não ficar sozinho ou sem ter como acessar a Internet enquanto não houver mais ninguém próximo a você! Se a tentação estiver longe de você, a chance de resistir é muito maior! **[20 Pontos]**

☐ Diário de um Desafio 9: No Vlog de hoje, vamos conversar sobre as dificuldades para amadurecer! Em sua vida, quais são os maiores desafios para a maturidade espiritual? Compartilhe sua experiência, pois sua percepção e dificuldades, podem ser as mesmas de outros e este vídeo ou texto podem ajudar outras pessoas a vencer a imaturidade! **[30 Pontos]**

Pontuação Total do Desafio Radical 09:

DIA 10
RANGO

Pois vocês são salvos pela graça, por meio da fé, e isto não vem de vocês, é dom de Deus; Efésios 2:8

Um camaleão de estimação vive em crise de identidade, pois está destinado a viver para agradar seus donos, mesmo sentindo que possui um propósito maior do que viver em um aquário doméstico. Após um acidente, Rango, como se chama, vai parar no deserto de Mojave, na Califórnia, na pequena cidade de Poeira. Ela simula um cenário típico do Velho Oeste, com todos os animais que habitam nela, sendo assolados por uma gangue de criminosos que aterroriza os moradores, além de uma terrível escassez de água.

Através de uma série de eventos aleatórios, poderíamos dizer que por pura sorte, Rango consegue derrotar uma águia que o estava perseguindo. Este ato, que não teve nada a ver com ele, faz com que o povo da cidade veja o pequeno Camaleão como um herói que é nomeado Xerife da cidade. Este será o desafio do protagonista do filme: alinhar a função que recebeu, com suas atitudes nem um pouco corajosas!

Este é o tema inicial de "*Rango*" animação de 2011 produzida pela *Nickelodeon Movies* e distribuído pela *Paramount Pictures*. O filme recebeu o Oscar de melhor animação de 2012.

Esta animação pode nos oferecer diversos princípios para aprendermos, mas eu gostaria de focar nossa atenção ao elemento genético que caracteriza nosso protagonista de hoje: sua habilidade de camuflagem. Como é possível se destacar em meio a multidão, quando sua melhor qualidade é se esconder? É exatamente este processo que acompanharemos ao longo da jornada de Rango, que aos poucos vai subindo degraus rumo ao perfil heroico que tanto sonhou.

Ele recebe o cargo de Xerife, por causa de um acidente que trouxe fama a ele. A partir deste ponto, Rango precisou tomar atitudes corajosas que fossem condizentes com suas palavras e com a postura que os cidadãos de Poeira esperavam dele. Que figura interessante para conversarmos neste dia!

Nenhum de nós merecia a salvação, mas a recebemos como um benevolente ato da Graça divina. Não somos salvos por quem nós somos, mas por quem Ele é. A grande questão a ser respondida agora é o que faremos de nossa vida depois deste ponto em diante! Não podemos sustentar nossa vida toda no dia de nossa conversão, mas precisamos diariamente tomar decisões e atitudes que nos aproximem cada vez estejam relacionadas com a nossa nova condição.

Não se esqueça que o preço pela nossa salvação já foi pago por Cristo na Cruz do Calvário, portanto, a Salvação é pela Graça divina, não tendo nosso envolvimento neste processo, sendo, portanto, gratuita. Para recebe-la, basta que venhamos a aceitar este gigantesco favor imerecido de Deus e compreender a obra de Jesus pela humanidade. Entretanto, tudo o que vier depois, nos custará um alto preço, seja em renúncias voluntárias, investimento em nossa formação, tempo aplicado em servir ao Reino em nossa Igreja local, lidar com pessoas difíceis, enfim, a lista é muito grande. O que precisa ficar claro é que não importa o preço que venhamos a pagar ao longo de nossa vida por sermos cristãos, ele não pode ser comparado ao que Jesus passou, JAMAIS! Além disso, que você nunca se esqueça, que não importam os desafios e lutas, valerá a pena! Caminhar com Deus nesta geração é a melhor escolha que você pode fazer com o tempo que tiver de vida! Não se esqueça!

DESAFIO RADICAL 10

☐ Leia Efésios 2 **[20 Pontos]**

☐ Tempo de Oração. Ore a Deus pedindo compreensão e sabedoria sobre a magnitude da Graça de Deus sobre sua vida! É um conceito tão complexo que não podemos entender sua plenitude apenas com os livros. Embora seja fundamental estudar sobre este e todos os assuntos que abordamos neste Devocional, a Graça precisa ser revelada a nós pelo Espírito Santo. Por esta razão, você começará a orar por estes pedidos e continuará orando por isso enquanto for necessário. **[30 Pontos]**

☐ Uma dica prática para descobrirmos nosso chamado particular no Reino de Deus, além de servirmos em diferentes áreas de nossa Igreja Local, é pedir conselhos para pessoas próximas que caminhem a mais tempo com Jesus. O que seu pastor pensa a seu respeito em termos ministeriais? Seus pais enxergam algo que você ainda não percebeu? Converse com eles e anote as respostas dadas em seu caderno. Alguma resposta surpreendeu você? **[30 Pontos]**

☐ Diário de um Desafio 10: Hoje, vamos conversar sobre a Graça de Deus e a Salvação! Conte para as pessoas o que você aprendeu com o Devocional de hoje e compartilhe sua experiência sobre pedir conselhos sobre seu chamado particular no Reino! **[20 Pontos]**

Pontuação Total do Desafio Radical 10:

Nas sombrias profundezas do tempo, emergiu uma entidade de força inimaginável, batizada pelos antigos de "Aniquilador". Ele é a personificação da Ira, um dos sete pecados capitais, e sua raiva não conhece limites. Cada passo que dá ecoa como um trovão, e quando ele golpeia, é como se as montanhas se chocassem. O medo que ele semeia é palpável, com cidades inteiras se curvando diante do mero sussurro de seu nome.

Mas, como todas as entidades poderosas, até mesmo o Aniquilador tem suas fraquezas. Seu poder colossal, capaz de destroçar pedra e aço, não pode resistir ao fogo e às espadas. O brilho das lâminas é um lembrete de uma época em que ele foi aprisionado, e o fogo representa a purificação, uma força capaz de consumir até mesmo sua ira.

Chefe 1

Aniquilador: o Titã da Ira

O combate a este vilão colossal não é apenas uma questão de armas e força bruta; é uma batalha espiritual. Nas escrituras, encontramos uma passagem que nos dá esperança e força contra essa manifestação da Ira:

> *"Não te precipites no teu espírito a irar-te, porque a ira repousa no íntimo dos insensatos."*
> *Eclesiastes 7:9.*

Aqueles que enfrentam o Aniquilador são aconselhados a não sucumbir à ira, pois ela apenas alimenta seu poder. Em vez disso, devem buscar a sabedoria e a calma, usando o fogo e a espada não apenas como armas, mas como símbolos da purificação e da justiça divina. Somente então, ao enfrentá-lo com fé e determinação, o Aniquilador poderá ser derrotado e a Ira aprisionada mais uma vez

Pontos de XP: 650

DIA 11
ENCANTO

Há diferentes tipos de dons, mas o Espírito é o mesmo. 1 Coríntios 12:4

Mirabel faz parte da grande família *Madrigal*, que vive com ela na pequena comunidade colombiana de Encanto. Todos os seus parentes possuem dons mágicos e talentos especiais, exceto ela, que vive frustrada por não ter a super força de sua irmã *Luisa* ou a beleza deslumbrante de *Isabela*. A estrutura da família *Madrigal* é baseada na existência da magia, que surgiu através do sacrifício de *Pedro*, esposo de *Alma*, a matriarca da família.

Mirabel é a única que percebe que a magia está desaparecendo da família, e é duramente criticada por isso, especialmente por sua avó. A tranquilidade da família é abalada pelo caos que a perda da magia traz para os Madrigal. Eles eram vistos como perfeitos pela comunidade de Encanto, mas percebemos que, embora parecessem perfeitos por fora, todos tinham fraquezas que não estavam sendo tratadas, e os problemas se acumularam a ponto de a casa da família literalmente desmoronar. No final da história, *Mirabel* descobre que tinha o maior dom entre seus familiares: ser a guardiã da magia, dando continuidade ao legado de sua avó. A família *Madrigal* revela sua fraqueza para a comunidade, convidando para que contribuam com a reconstrução de sua casa.

Essa é a história da animação vencedora do Oscar em 2022, Encanto! Ela segue uma tendência recente nesse tipo de filme, que é de trazer representatividade de outros povos, não apenas o estadunidense. Quero destacar no devocional de hoje dois princípios importantes para nossa jornada.

Em primeiro lugar, os múltiplos dons dos *Madrigal* podem muito bem representar a multiplicidade dos dons ministeriais da igreja cristã. A Palavra de Deus diz:

"E Ele mesmo concedeu uns para apóstolos, outros para profetas, outros para evangelistas e outros para pastores e mestres" Efésios 4:11

Isso significa que existem diversos dons em operação na igreja, todos com o propósito de servir ao corpo de Cristo na terra, nenhum deles para benefício próprio e egoísta. Precisamos descobrir quais são nossos dons para podermos contribuir em nossa geração!

Em segundo lugar, *Mirabel* vivia frustrada por não ter aparentemente nenhum talento especial. A protagonista do filme pode nos ensinar sobre a importância de valorizar a simplicidade do Evangelho. Jesus resume a essência das Boas Novas que Ele trouxe para a humanidade nas palavras do evangelista Lucas:

> *"Pois o Filho do Homem veio buscar e salvar o que estava perdido"*
> Lucas 19:10

Vivemos na sociedade do espetáculo, em que tudo precisa ser épico, maravilhoso, deslumbrante, magnífico e assim por diante... Por essa razão, precisamos ter cuidado para que a igreja não se torne um espetáculo vazio, perdendo o que mais importa: Cristo e Seu sacrifício que possibilitou a salvação daqueles que O aceitam como Senhor e Salvador!

No mundo do épico, seguir o Carpinteiro de Nazaré é verdadeiramente revolucionário!

DESAFIO RADICAL 11

☐ Leia Efésios 1 Coríntios 12 **[20 Pontos]**

☐ Converse com seus pais e líderes sobre como eles podem te ajudar a descobrir seus dons espirituais. Uma das melhores formas para alcançar esse objetivo é servir em diversas áreas da igreja para descobrir aquelas em que você se realiza mais. Mas, para o desafio de hoje, vamos focar em uma pequena entrevista com seus responsáveis e líderes. Faça as seguintes perguntas a eles:

1. Qual dos dons de 1 Coríntios 12 vocês acham que eu mais me identifico?
2. Qual o conselho de vocês para que eu me aprofunde nesse dom?
3. Como vocês descobriram os seus dons?
4. Vocês poderiam me indicar um livro que foi útil para a descoberta ou o aprimoramento de seus dons ministeriais?
5. Como, em nossa denominação, é possível ingressar no ministério? Qual é o caminho que eu preciso seguir para dar o primeiro passo nessa jornada?

Anote as respostas e as perguntas em seu caderno e guarde-as muito bem, pois esse é o tesouro que alguém que se importa com você compartilhou livremente e espontaneamente. Valorize essas palavras, pois serão muito importantes para sua jornada! **[30 Pontos]**

☐ Para reforçar os princípios do Devocional de hoje, assista à nossa Live sobre Encanto. Para sabermos que você veio por causa do Desafio Radical, curta o vídeo e deixe o seguinte comentário: "#DesafioRadical202x", sendo x o ano em que você está fazendo nosso Devocional. **[30 Pontos]**

☐ Diário de um Desafio 20: No vídeo de hoje, compartilhe os dois pontos que trabalhamos em nosso Devocional: a multiplicidade dos dons ministeriais e a simplicidade do Evangelho. **[20 Pontos]**

Pontuação Total do Desafio Radical 20: _____

DIA 12
VALENTE

Honra teu pai e tua mãe, a fim de que tenhas uma vida longa na terra que o Senhor, teu Deus, te dá. Êxodo 20:12

A Princesa *Merida*, primogênita do clã *DunBroch*, entra em desespero quando descobre que será prometida ao filho mais velho de um dos aliados de sua família. Essa é a tradição na Escócia Medieval, e são esses laços de amizade e aliança entre as famílias que sustentam essa sociedade tribal. Caso a princesa se recuse a obedecer, trará muitos problemas para seu pai, o rei *Fergus*. Em sua tentativa de mudar seu destino, acaba se envolvendo com uma bruxa que lança uma maldição sobre sua mãe, transformando-a em uma Ursa. As coisas fogem do controle e *Merida* precisa correr contra o relógio para consertar seu erro e restaurar, tanto sua família, quanto a aliança entre os clãs, que estão à beira de uma guerra civil após sua recusa em seguir a tradição ancestral de seu povo.

Essa é parte da história de *Valente*, uma animação da Disney Pixar que venceu o Oscar e o Globo de Ouro de melhor animação em 2013. Quero aproveitar a história da princesa e seu erro, que quase arruinou sua família e todo o Reino para conversar com você sobre como superar o conflito entre gerações que sempre esteve presente na história da humanidade. Esse assunto tem dois lados que precisam ser compreendidos adequadamente: o dos pais e o dos filhos. Como é bastante provável que você que esteja lendo este livro seja apenas filho ou filha, e não pai ou mãe, quero dedicar mais atenção ao seu papel como filho.

Sobre seus pais, basta compreender que eles vivem sob a sombra do que os pais deles (seus avós) fizeram quando tinham a sua idade. Eles foram criados em um mundo diferente do que você vive hoje. Muitas vezes, seus pais acham que não estão fazendo um bom trabalho com você, mesmo que se esforcem muito. Isso acontece porque eles são cobrados pela família, pela sociedade como um todo, mas principalmente por eles mesmos. Existem muitas pessoas dizendo a eles como devem criar e educar você. Tantas vozes podem trazer dúvidas e insegurança. Porém, o mais importante é que você nunca se esqueça de que eles estão fazendo o melhor que podem para que você alcance seus sonhos e cumpra seu propósito nesta geração!

Se, porventura, você que lê estas palavras já não possui seu pai ou sua mãe com você, por qualquer razão, saiba que Deus é o melhor pai que você poderia ter. Ele tem cuidado de sua vida com amor e carinho!

Mas vamos falar dos filhos, que são o maior público de leitores deste Devocional. *Merida* foi egoísta ao buscar apenas seu próprio bem-estar, sem medir as consequências de seus atos, que acabam amaldiçoando sua mãe. Como pastor de jovens e adolescentes, eu acredito nesta geração, pois ela tem um potencial tremendo para fazer grandes coisas neste tempo!

Entretanto, antes de ganharmos as nações para Deus e transmitirmos essa mensagem de geração em geração, até os confins da terra, precisamos aprender a cuidar e lidar com aqueles que estão conosco, nossa família!

Pode parecer uma brincadeira, mas infelizmente não é. Muitos filhos simplesmente não respeitam ou obedecem a seus pais e acreditam que estão corretos nesse comportamento. O texto base de hoje revela que, ao cumprirmos nossa parte como filhos, colheremos uma promessa poderosa sobre nossas vidas! Por essa razão, seja sábio e, consequentemente, um filho ou uma filha obediente e grato(a) por tudo o que eles fizeram por você!

DESAFIO RADICAL 12

☐ Leia Êxodo. **[20 Pontos]**

☐ Tempo de Oração. Ore a Deus agradecendo por seus pais. Ore para que a vida deles seja protegida e que todos os seus projetos sejam bem-sucedidos! Que Deus conceda sabedoria a eles em seus projetos! **[30 Pontos]**

☐ Um Devocional que fale sobre a importância de honrar seus pais ou responsáveis precisa passar por um desafio que ajude na jornada deles. Hoje, faça três atividades domésticas para ajudá-los nos cuidados da casa. Para cada atividade executada, você recebe 10 pontos. Anote as atividades que você fez em seu caderno. **[30 Pontos]**

☐ Diário de um Desafio 11: No Devocional de hoje, falamos sobre a importância do respeito e da honra à sua família. Por isso, compartilhe um vídeo sobre o que seus pais representam para você e encoraje seus seguidores a fazerem o mesmo! **[20 Pontos]**

Pontuação Total do Desafio Radical 11: ☐

DIA 13
FROZEN

"Como, pois, invocarão aquele em quem não creram? E como crerão naquele de quem não ouviram falar? E como ouvirão, se não houver quem pregue?" Romanos 10:14

O Reino nórdico de *Arendelle* tem duas princesas: *Elsa*, que nasceu com poderes de controle e manipulação do gelo, e *Anna*, cuja habilidade especial está relacionada à sua curiosidade e sede por aventura. As duas eram muito próximas até que, durante uma brincadeira, *Elsa* acidentalmente machuca sua irmã mais nova. Assustados, seus pais as separam e as isolam no castelo até que *Elsa* consiga dominar e controlar seus poderes.

Com medo de ferir novamente sua irmã, a princesa se isola gradualmente em seu quarto, aumentando o abismo emocional entre elas. Tudo estava relativamente tranquilo até que um naufrágio terrível, mata seus pais, forçando a princesa mais velha a assumir o trono do Reino quando completasse 21 anos.

Durante a cerimônia de coroação da agora Rainha *Elsa*, uma discussão com *Anna* desencadeia seus poderes congelantes diante de todos os convidados. Com medo de machucar mais alguém, ela foge para longe do Reino, sem saber que deixou para trás um inverno eterno que trouxe escassez de alimentos e sofrimento para a população de Arendelle. Sua irmã, Anna, parte em uma aventura para trazer a rainha de volta, acabar com o inverno e consertar seu relacionamento com a Rainha.

Essa é parte da história de *Frozen, uma Aventura Congelante*, produzida pela Disney, baseada no conto do século XIX escrito por Hans Christian Andersen, chamado "A Rainha da Neve". O filme foi um sucesso de público e crítica, vencendo o Oscar de Melhor Animação e Melhor Canção Original com a famosa "Let it Go" em 2014.

Quero usar o medo da princesa Elsa em ferir sua irmã e outras pessoas com seus poderes como ponto central do devocional de hoje. Embora seus poderes pudessem ser usados para fazer o bem e ajudar seu reino, ela só conseguia enxergar as possibilidades de problemas com eles e, por isso, preferiu fugir e se esconder. Pensando um pouco sobre isso, algo muito semelhante acontece quando os Filhos e Filhas de Deus deixam de lado sua missão de pregar o Evangelho genuíno de Cristo em sua geração.

O texto base de hoje foi escrito por alguém que viveu intensamente seu chamado em compartilhar a mensagem de Jesus com os gentios. Existe uma tentação em nossos dias de abrir mão da missão por medo ou receio do que os outros podem pensar sobre nós ao nos identificarmos como cristãos. Tomar uma decisão assim tem um efeito destrutivo não apenas na vida do indivíduo, mas também para outras pessoas que talvez nem conheçam.

Assim como *Elsa* deixou para trás um inverno eterno que prejudicou os habitantes de *Arendelle*, quando não cumprimos nosso propósito como cristãos, deixamos para trás uma sociedade pior. Quando não pregamos o Evangelho, pessoas que necessitam de uma transformação em suas vidas permanecem iguais.

Percebe a grandiosidade de nossa missão? Fomos chamados como embaixadores do Reino de Deus na terra, e precisamos honrar esse cargo com muitas decisões por Cristo! Alguém no passado, decidiu cumprir sua missão para que hoje, muito tempo depois, eu e você estivéssemos aqui neste dia!

DESAFIO RADICAL 13

☐ Leia Romanos 10 **[20 Pontos]**

☐ Evangelismo. No devocional de hoje, falamos da importância de pregar o Evangelho a todas as pessoas! Por isso, no desafio de hoje, vamos praticar esse princípio bíblico. Em primeiro lugar, faça um estudo sobre o tema na internet. Responda às seguintes questões, pesquisando em seu computador:

1) O que é Evangelismo?
2) Quais são os países mais fechados para o Evangelho de Cristo no século XXI?
3) O que é a janela 10/40 nesse contexto?
4) Pesquise no site do IBGE os dados da religião no Brasil e veja quantas vidas ainda precisam receber as boas novas do Evangelho! **[30 Pontos]**

☐ Com todas as informações acima, escreva um post em suas redes sociais, usando dados de sua pesquisa para comentar sobre a importância de compartilharmos o Evangelho de Cristo com todas as pessoas ao nosso redor! **[30 Pontos]**

☐ Diário de um Desafio 12: Levando em conta o item anterior, use seu post como roteiro para nortear o vídeo com seus seguidores! Comente sobre a importância de pregar o Evangelho nesta geração! **[20 Pontos]**

Pontuação Total do Desafio Radical 12:

DIA 14
OPERAÇÃO BIG HERO

Suportem-se uns aos outros e perdoem as queixas que tiverem uns contra os outros. Perdoem como o Senhor lhes perdoou. Colossenses 3:13

Tadashi Hamada foi um gênio da tecnologia, que desenvolveu um robô inflável chamado *Baymax*, que tinha como objetivo, ajudar as pessoas em suas enfermidades e dores. Ele viveu junto com seu irmão mais novo *Hiro*, na cidade, de *San Fransokyo*, até sua trágica morte em um incêndio causado por um homem mascarado chamado *Yokay*, durante uma feira de ciências na Universidade em que *Tadashi* Estudava.

Movido por um senso de vingança, Hiro se uniu aos amigos de seu irmão, bem como com *Baymax* e formou um grupo de jovens com equipamentos e habilidades especiais. Na medida em que se aproximavam do vilão, Hiro perdeu o controle, até fazer com que sua equipe se ferisse em sua vontade de vingar a morte de *Tadashi*. Quando percebeu que havia passado dos limites e que sua busca egoísta poderia colocar em risco as pessoas que ele amava, resolveu perdoar e seguir em frente.

Yokay, por sua vez, era na verdade o professor *Robert Callaghan*, orientador de *Tadashi*, que perdeu sua sanidade ao tentar se vingar do grande empresário da tecnologia, *Alistair Krei*, após um acidente envolvendo a filha de *Callaghan*, *Abigail*.

Esta é parte da trama de Operação Big Hero, animação da Disney vencedora do Oscar de melhor animação de 2015. Interessante salientar que esta é uma animação baseada em HQ's da Marvel, que havia sido adquirida pela Disney em 2009.

Teríamos muitos pontos a abordar neste Devocional, (espere por mais textos sobre *Baymax* em nosso próximo Devocional Anual, em breve!), mas preciso focar no comportamento de *Hiro e Callaghan*. Ambos sofreram perdas de pessoas que amavam e cada um lidou de maneira distinta com a dor que sentiu. Enquanto o professor abriu mão de seu futuro para viver em função de seu passado trágico, *Hiro*, com a ajuda de seus amigos, conseguiu superar a dor da perda e seguir em frente, encontrando uma causa e um novo propósito para ajudar sua cidade.

Em nossa vida, passaremos por problemas, desafios e perdas. A grande questão não é SE enfrentaremos, mas sim, COMO superaremos estes momentos. A trajetória de *Hiro* pode mostrar algumas dicas preciosas no Devocional de hoje. Em primeiro lugar, ele contava com amigos que o amavam. Não fomos feitos para vivermos isolados, pois somos seres relacionais. Não caminhe sozinho ou sozinha, você precisa de pessoas ao seu redor com quem possa contar, tanto nos bons, quanto nos maus momentos.

Em segundo lugar, nosso protagonista de hoje escolheu perdoar e seguir em frente. O perdão, como o apóstolo Paulo nos mostra em sua carta aos Colossenses, no texto base de hoje, deve ser uma experiência praticada de maneira cotidiana em nossas vidas. Muitas vezes, não temos a dimensão do que acontece espiritualmente quando perdoamos alguém que nos ofendeu. Estamos abrindo mão do direito de nos revoltarmos ou nos vingarmos para simplesmente, liberar o perdão e seguirmos em frente. Tudo o que posso dizer a este respeito, é que esta é uma escolha libertadora e que você deveria experimentar quando a oportunidade surgir!

DESAFIO RADICAL 14

☐ Leia Colossenses 3 **[20 Pontos]**

☐ A Prática do Perdão. Falamos sobre este assunto no devocional de hoje e você vai precisar praticar. Reflita a respeito de seus pais ou responsáveis e anote as vezes em que você fez algo que precisa pedir perdão a eles. Agora marque uma conversar com eles, caso um dos dois não more com você, para que estejam juntos de maneira presencial. Use vídeo chamada apenas se o seu pai, ou sua mãe, morarem muito distante de você. Agora que você tem a atenção deles, fale sobre as questões que anotou e peça perdão: "Vocês me perdoam em Nome de Jesus?". Sinta a liberdade do perdão em sua vida! Diga a seus pais que eles também podem falar o que sentirem no coração neste momento! **[50 Pontos]**

☐ Diário de um Desafio 13: Hoje, vamos conversar sobre a necessidade e o poder do Perdão. Conte aos seus seguidores, o que você aprendeu com operação Big Hero, especialmente com Baymax e a mudança de postura de Hiro **[30 Pontos]**

Pontuação Total do Desafio Radical 13:

DIA 15
DIVERTIDAMENTE

Melhor é o homem paciente do que o guerreiro, mais vale controlar o seu espírito do que conquistar uma cidade. Provérbios 16:32

A mente da pequena *Riley*, e a de todas as pessoas, é controlada por cinco emoções (Alegria, Tristeza, Medo, Raiva e Nojinho) em um grande computador que processa e salva as principais memórias e experiências da menina. Durante sua infância, a emoção predominante era a Alegria, mas, aos 11 anos de idade, quando precisa se mudar com sua família, as coisas sairão do controle, com muitas mudanças na mente e nas memórias fundamentais para *Riley*. A Tristeza começa a ganhar um protagonismo que até então ela nunca havia tido, o que traz muita preocupação para Alegria que, enquanto tenta converter memórias tristes em alegres, acaba se envolvendo em um acidente que tirará as duas, Alegria e Tristeza do Centro de Comando da Mente da menina.

Sob o controle do Medo, da Raiva e da Nojinho, *Riley* se desentende com seus pais e vai se afastando cada vez mais deles, e começa a tomar decisões cada vez mais complicadas, enquanto as duas emoções ausentes, embarcam em uma aventura para retornar ao Centro de Controle. Muitas coisas acontecem nesta jornada, mas o principal é que Alegria enfim compreende a razão da existência da Tristeza, que é alertar as pessoas próximas de *Riley* de que ela não está bem e que precisa de ajuda.

Deixando com que a Tristeza lidere o Centro de Comando, a protagonista consegue se abrir com seus pais e dizer que preferia a vida que tinha antes da mudança. Seus pais a entendem e dão o suporte necessário para que não se sinta mais sozinha. Com isso, novas Ilhas de Personalidade, que são as memórias que ajudam a forjar nosso caráter, são edificadas na mente de *Riley*, que deixa a infância para trás, para ingressar em uma nova e desafiadora aventura: a adolescência!

Este é um resumo do roteiro de *Divertida Mente* (Inside Out no original), animação da Disney e Pixar, vencedora do Oscar de Melhor Animação de 2016, além de ser indicada para o prêmio de Melhor Roteiro do mesmo ano.

A principal lição deste filme para nossas vidas, entre tantas que poderíamos explorar, é que todas as emoções são importantes e tem seu lugar em nossas vidas. Nossa principal responsabilidade com relação a elas é aprendermos a controla-las. No mundo corporativo a Inteligência Emocional ajuda a lidar com as emoções, a partir do desenvolvimento de competências que nos ajudem neste propósito.

Porém, a Palavra de Deus já nos alertava a muitos séculos, sobre o cuidado que devemos ter com nossas emoções. Além do texto base de hoje, que nos mostra como o controle emocional é importante, o rei Davi já apontava para o ciclo das emoções em nossas vidas:

> *"o choro pode persistir uma noite, mas de manhã irrompe a alegria." Salmos 30:5b*

Precisamos aprender a falar sobre nossos sentimentos, ao mesmo tempo em que não nos deixamos controlar por eles. Este será sempre um desafio que muda conforme vamos amadurecendo em nossa vida. Sentiremos raiva, medo, alegria, tristeza ou asco e está tudo bem com isso. O que não podemos nos esquecer como cristãos, é que temos um Consolador, o Espírito Santo que nos ajuda em cada momento em todas as nossas necessidades, sejam elas espirituais ou emocionais.

Confie no poder do Espírito Santo para lhe ajudar a controlar suas emoções e ter uma vida bem aventurada na Terra!

DESAFIO RADICAL 15

☐ Leitura de Provérbios 16 **(20 Pontos)**

☐ Como você controla suas emoções? Esta é uma tarefa fácil ou difícil para você? Anote em seu caderno as Cinco Emoções do Filme desta forma:

Alegria:

Tristeza:

Medo:

Raiva:

Nojo:

Em seguida, pense em situações recentes em que você sentiu cada uma das emoções acima e as anote ao lado dos nomes acima. Se você lembrar de várias situações "controladas" por uma destas emoções, escolha a mais importante deles para anotar. **(30 Pontos)**

☐ Agora reflita nos resultados de suas ações. No filme, Riley fez com que seus pais sofressem quando ela foi controlada pela Raiva. Você já fez alguém sofrer com suas ações? Como você pode pensar mais antes de agir, pensando nas consequências ANTES de fazer algo? Anote seus pensamentos em seu caderno. **(30 Pontos)**

☐ Diário de um Desafio 14: Vamos falar no vídeo de hoje, sobre a existência de várias emoções em nossas vidas, mas que o mais importante é estarmos conectados com nosso Consolador, o Espírito Santo para nos ajudar a termos uma vida equilibrada. **(20 Pontos)**

Pontuação Total do Desafio Radical 14:

DIA 16
ZOOTOPIA

"Cuidado com os falsos profetas. Eles vêm a vocês vestidos de peles de ovelhas, mas por dentro são lobos devoradores. Mateus 7:15

Judy Hopps é uma coelha do interior que sonha em se tornar policial na grande e cosmopolita cidade de *Zootopia*. Ela passa pelo treinamento para ser admitida no departamento de polícia e acaba sendo designada para o cuidar do trânsito da cidade pelo chefe do departamento, *Bogo*, que não confia em sua capacidade como policial. A jovem e idealista coelha desempenha tão bem o seu trabalho multando motoristas que estacionam em locais proibidos que acaba se tornando alvo da ira da população. Enquanto trabalha nessa função, ela conhece *Nick Wilde*, uma raposa golpista. Muitas reviravoltas acontecem e essa dupla improvável se vê no centro de um caso envolvendo mamíferos predadores que misteriosamente se transformam em animais selvagens e começam a atacar outros animais em *Zootopia*.

A trama se complica e revela uma gigantesca conspiração envolvendo a vice-prefeita da cidade, a ovelha *Bellwether*. Ela estava usando cientistas para criar um composto químico que transformava animais pacíficos em selvagens e irracionais. O objetivo desse plano era colocar os animais dóceis e de pequeno porte no topo da sociedade da cidade. Em meio a lobos, leões, tigres e outros predadores naturais, a verdadeira ameaça eram as ovelhas e carneiros!

Esse é um resumo da história de *Zootopia*, uma animação da Disney que venceu o Globo de Ouro e o Oscar de melhor animação em 2017. Entre todos os filmes que estamos abordando, este certamente apresenta uma analogia muito próxima a um princípio bíblico bastante presente nas Escrituras: cuidar para não sermos enganados por falsos profetas! No texto base, Jesus está ministrando o Sermão da Montanha, ensinando sobre como devemos tomar decisões a partir de uma nova perspectiva, diferente da abordagem do Antigo Testamento.

Em nossa sociedade, totalmente voltada para as redes sociais, temos muitas pessoas falando o tempo todo para seus seguidores. Muitas delas estão falando sobre Jesus ou, melhor dizendo, sobre suas percepções do Cristo. Nesse contexto, as palavras do nosso Salvador sobre lobos em pele de cordeiro são verdadeiras. Não é porque alguém se intitula pastor que realmente o seja... Não é porque alguém afirma publicamente ser a favor de Deus, que é um cristão verdadeiro. Por fim, não é porque alguém cita versículos bíblicos em público que se torna instantaneamente um cristão. Precisamos ter cuidado para não sermos enganados por aqueles que se dizem cristãos, mas na realidade apenas querem se aproveitar dos cristãos.

A chave para entender quem são os lobos em pele de cordeiro dos nossos dias é analisar suas palavras em conjunto com suas atitudes! Não adianta apenas proferir palavras que estão na Bíblia e ter uma vida que vai contra aquilo que se prega! Em uma era de informações onde todos estão falando o tempo todo, precisamos de pessoas com um caráter transformado, que sejam responsáveis pelo que dizem, seja em público ou nas redes sociais!

Analise as palavras e atitudes para não cair nas armadilhas dos lobos pós-modernos. Ao mesmo tempo, cuide de suas próprias atitudes para que você mantenha um caráter alinhado ao de Cristo nesta geração!

DESAFIO RADICAL 16

☐ Leia Mateus 7 **[20 Pontos]**

☐ Tempo de Oração. Ore a Deus por sabedoria para que perceba pessoas mal intencionadas ao seu redor. Ore também para que seu coração seja sempre acolhedor com o próximo. Que nosso Deus não permita que você deixe de ser quem é por causa do mundo ao seu redor. Assim como Juddy era a mesma policial, investigando crimes ou atuando no trânsito, que eu e você possamos manter nossa essência. **[30 Pontos]**

☐ Pense um pouco sobre suas últimas conversas com os seus amigos. Suas palavras condizem com suas atitudes? Anote em seu caderno quais são as áreas em que você precisa melhorar para que consiga alinhas suas palavras com suas ações! **[30 Pontos]**

☐ Diário de um Desafio 15: No vídeo de hoje, converse com seus seguidores sobre como as aparências enganam! Além disso fale sobre como é fundamental que nossas palavras sejam alinhadas com nossas atitudes! **[20 Pontos]**

Pontuação Total do Desafio Radical 15:

DIA 17
VIVA: A VIDA É UMA FESTA

Da mesma forma, como o homem está destinado a morrer uma só vez e depois disso enfrentar o juízo. Hebreus 9:27

Em um passado distante, *Amélia Rivera* era casada com um músico. Ele tinha o sonho de viver da música e, por isso, abandonou sua esposa e sua filha pequena, *Inês Rivera*. Esse trauma fez com que a música fosse proibida na família desde então. Algumas gerações depois, *Miguel*, um menino de doze anos, também tinha o sonho secreto de se tornar um músico famoso, mesmo sabendo da proibição da família em relação ao assunto.

Por acidente, Miguel acaba quebrando um porta-retrato de Amélia na véspera do *Dia de Los Muertos*, e descobre que seu marido estava segurando o lendário violão de Ernesto de La Cruz, um famoso cantor e ator mexicano do passado. O jovem acredita, então, ser descendente desse cantor e vai até o museu que guarda sua memória para pegar emprestado o violão. No entanto, ao tocar o primeiro acorde, ele desaparece por ter violado uma regra relacionada às tradições de seu povo.

Dentro da tradição mexicana, os vivos se lembram dos familiares falecidos por meio de oferendas no chamado "*Dia de Los Muertos*". A existência de uma alma depende das lembranças dos vivos a seu respeito. Quando ninguém mais se lembra de alguém que morreu, essa alma desaparece para sempre. Na jornada de *Miguel* por esse outro mundo, ele passará por várias aventuras para conseguir retornar ao nosso mundo.

Esse é um resumo da história da animação "*Viva: a Vida é uma Festa*", produzida pela Pixar e distribuída pela Disney. O filme ganhou o Globo de Ouro e o Oscar de Melhor Animação e Melhor Canção Original em 2018.

No devocional de hoje, temos duas lições importantes que essa animação nos traz. Em primeiro lugar, toda a trama gira em torno da importância da família. É fundamental que conheçamos nossa história, de onde viemos, e respeitemos as gerações que nos precederam para termos uma vida bem-sucedida na terra. A Palavra de Deus, por meio do apóstolo Paulo, nos diz qual deve ser nossa postura em relação aos nossos familiares:

"Se alguém não cuida de seus parentes, especialmente dos de sua própria família, negou a fé e é pior do que um descrente." - 1 Timóteo 5:8

Em segundo lugar, embora a animação aborde a cultura e a tradição do povo mexicano, ela levanta algumas questões sensíveis para a cosmovisão cristã, como as oferendas em homenagem aos mortos. O texto de hoje aponta para a realidade cristã sobre o que acontece com o ser humano após a morte. Segundo a Palavra de Deus, NÃO EXISTE um estágio intermediário para as almas, nem uma forma de os vivos interagirem com aqueles que já partiram.

O que essa realidade que a Bíblia nos apresenta precisa despertar em cada um de nós? Que devemos aproveitar cada oportunidade para honrar e demonstrar nosso amor por aqueles que estão próximos a nós ENQUANTO eles estão conosco! O dia para dizer que amamos nossa família é HOJE! Declare o quanto seus pais ou avós são importantes para você enquanto ainda podem ouvir, pois pode chegar o dia em que não importará o quanto você fale, eles não poderão mais te ouvir.

Nosso Deus é um Deus geracional, e é nosso dever garantir que cada geração possa cumprir seu propósito de comunicar o Evangelho do Reino às próximas gerações!

DESAFIO RADICAL 17

☐ Leitura Bíblica de Hebreus 9 **[20 Pontos]**

☐ Se você ainda tiver seus avós perto de você, você vai escrever uma carta para cada um deles dizendo o quanto eles são importantes para você. Se você tiver como ir até onde eles estão, faça isso e leia a carta a eles e diga o quanto você os ama. Se por acaso, eles já faleceram, escolha alguém de mais idade em sua igreja local, e faça e repita o mesmo procedimento. Peça ajuda aos seus pais caso você não consiga pensar em ninguém. **[40 Pontos]**

☐ Desafio Extra! Programe com sua família ou com seus amigos, fazer uma visita a um Asilo, em que poderão conversar e ouvir as muitas histórias de homens e mulheres. Alguns tem sua família por perto, mas outros, vivem sozinhos nestes lugares. Você pode ser aquele que trará esperança a elas de que não foram esquecidas pelo nosso Deus. **[50 Pontos]**

☐ Diário de um Desafio 16: No vídeo de hoje, compartilhe o que você fez para que seus avós ou as pessoas que você visitou se sentissem amadas e encoraje seus seguires a fazerem o mesmo! Vamos espalhar o amor de Cristo pela Terra! **[40 Pontos]**

Pontuação Total do Desafio Radical 16: ☐

DIA 18
HOMEM-ARANHA NO ARANHAVERSO

Portanto, vão e façam discípulos de todas as nações, batizando-os em nome do Pai e do Filho e do Espírito Santo, Mateus 28:19

Miles Morales é um adolescente de origem porto-riquenha que vive no Brooklyn, na Terra 1610. Ele enfrenta os problemas comuns da idade, como por exemplo, se adaptar a uma nova escola, encontrar novos amigos e se encaixar em uma nova realidade social. Toda essa "normalidade" desaparece quando ele é picado por uma aranha geneticamente modificada e ganha poderes especiais do Homem-Aranha. Após a morte de *Peter Parker*, o herói dessa dimensão, pelas mãos do Rei do Crime, Miles se torna o único aracnídeo de seu mundo.

Um acidente com o acelerador de partículas da empresa *Alchemax* abre um portal interdimensional, trazendo outros Homens-Aranhas de diferentes realidades, para a Terra 1610. Entre eles estão Peter B. Parker, Peni Parker, Gwen Stacy, Spider Noir e Peter Porco. Juntos, eles ajudarão Miles a derrotar a ameaça da Doutora Octopus e do Rei do Crime, antes de retornarem às suas respectivas dimensões. Peter B. Parker será o mentor de Miles, ensinando os fundamentos da vida de um herói.

Essa é a sinopse de *Homem-Aranha no Aranhaverso*, um filme produzido pela Sony Pictures Animation em parceria com a Marvel Studios. O filme ganhou o Globo de Ouro e o Oscar de Melhor Animação em 2019, além de vários outros prêmios.

No devocional de hoje, gostaria de abordar dois princípios poderosos para a nossa vida cristã. Em primeiro lugar, assim como Miles precisou da ajuda de Peter B. Parker para aprender a ser um Homem-Aranha, todo cristão precisa do auxílio de alguém mais experiente para aprender os fundamentos da fé cristã. Isso é o que chamamos de discipulado, e é essencial valorizarmos essa prática nos dias atuais, em uma sociedade egoísta e egocêntrica. Em um mundo onde a tentação de caminhar sozinho é grande, precisamos ter alguém a quem possamos prestar contas de nossa vida. Além disso, à medida que crescemos na fé em Cristo, também devemos estar dispostos a ajudar aqueles que estão começando sua caminhada com Deus. Uma vida cristã saudável é aquela em que somos ao mesmo tempo, discípulos e discipuladores, prestando contas a alguém em quem confiamos e dedicando-nos a ajudar os novos na fé.

Em segundo lugar, assim como vários Homens-Aranhas foram necessários para vencer a ameaça na Terra de Miles, muitos dos desafios que enfrentamos em nossa caminhada não podem ser superados individualmente. É por isso que temos a igreja de Cristo na Terra, um lugar seguro onde irmãos e irmãs nos entendem e nos auxiliam a enfrentar nossas batalhas. Por essa razão simples, o cristianismo não deve ser vivido de forma solitária ou isolada, pois é fundamental ter uma comunidade onde cada cristão possa se encontrar e conviver com outros que compartilham de ideias semelhantes.

Todos nós fomos chamados a fazer discípulos de todas as nações, ao mesmo tempo em que somos chamados a ser igreja em nossa geração!

DESAFIO RADICAL 18

☐ Leia Mateus 28 **[20 Pontos]**

☐ Comunhão! Vamos aproveitar a Equipe de heróis do Aranhaverso para encararmos um grande desafio neste dia! Estamos nos aproximando do momento da luta com o segundo chefe deste Devocional, e para vencê-lo, precisamos da ajuda de nossos amigos! Por isso, para ganhar os pontos deste item de seu desafio é muito simples! Faça este devocional junto com 03 amigos! Você vence de duas formas: Combine com estes amigos próximos a fazerem a leitura de todo o livro junto com você e, quando chegarem aqui, os pontos são seus! A segunda forma, é reunir seus amigos e lerem juntos o texto de hoje. Conversem sobre o que cada um entendeu sobre o texto e pegue seus pontos! Spoiler Importante: daqui para frente, estes amigos serão muito importantes para você derrotar os chefes que restam em nossa jornada! **[50 Pontos]**

☐ Diário de um Desafio 17: Aproveite que você está com os seus amigos e gravem o vídeo de hoje juntos! Entreviste seus amigos e pergunte o que eles acharam do texto de hoje! Seus seguidores vão gostar muito de ver novos rostos em seu canal! **[30 Pontos]**

Pontuação Total do Desafio Radical 17: ☐

DIA 19
TOY STORY 4

Assim, você já não é mais escravo, mas filho; e, por ser filho, Deus também o tornou herdeiro. Gálatas 4:7

Dois anos se passaram desde que *Woody*, *Buzz* e os outros brinquedos foram entregues por *Andy* para a pequena *Bonnie*. O xerife está aflito por não ser mais escolhido para as brincadeiras da criativa e esperta criança. Quando ela vai para a escola, ele decide ir junto para acompanhar e ajudar como puder neste período complicado de adaptação. Em sua aula de artes, ela constrói um novo brinquedo, composto por materiais recicláveis, como um garfo e palitos de sorvete. Ele ganhará o nome de *Garfinho*, e será o novo brinquedo preferido de *Bonnie*. Tudo seria muito simples, se *Garfinho*, devido a sua origem, não achasse que seu lugar deveria ser o lixo de onde ele saiu. Mesmo com todo o amor de sua dona e a amizade de todos os brinquedos, *Garfinho* não se sentia parte daquele lugar, procurando, a todo o momento, fugir para retornar ao local de origem.

Woody vai adotar a postura de cuidar do novo brinquedo para que *Bonnie* não sofra com sua falta. Esta postura, somada a uma viagem da família da criança, resultará em uma grande aventura que contará com o reencontro entre o Xerife e *Betty*, a pastora de ovelhas que pertencia a irmã de *Andy*, em um passado distante. Com muitos resgates e conversas, Woody enfim consegue convencer ao *Garfinho* que ele é um brinquedo muito amado por sua dona, cumprindo assim sua última missão com sua criança. Assim, no final do filme, o xerife deixará seus amigos para viver com *Betty* como um brinquedo perdido.

Esta é a trama de *Toy Story 4*, animação produzida pela Disney Pixar, vencedora do Oscar de melhor animação de 2020, que faturou mais de um bilhão de dólares nas bilheterias do mundo todo. Para o nosso devocional de hoje, vamos conversar sobre a história de Garfinho e os paralelos que podemos fazer com nossa natureza. Antes de Cristo, segundo nosso texto base, éramos escravos do pecado que nos aprisionava a uma vida medíocre em que não conseguíamos enxergar nada além de nossa visão de mundo. Uma realidade muito próxima de nosso personagem no início de sua existência, em que se considerava um lixo, quando olhava para si mesmo e via do que era feito. Na medida em que Garfinho encontrou a amizade e o cuidado de *Woody*, passou a compreender o grande amor que Bonnie nutria por ele e, através de seu amor, Garfinho deixou de se sentir um lixo para se tornar um brinquedo amado por sua dona. Da mesma forma, quando recebemos o imensurável amor de Deus por nossas vidas ao reconhecermos o sacrifício de Cristo na Cruz do Calvário, deixamos de ser escravos, para nos tornarmos Filho e Filhas, e por consequência, herdeiros de nosso Deus!

Esta mudança de nossa natureza, de escravos para Filhos é sobrenatural! Recebemos uma nova família de irmãos em Cristo, e temos, a partir deste momento, um novo propósito de vida. Não mais sobrevivendo, mas vivendo com intensidade para que outros escravos, como nós, possam ter este encontro maravilhoso com nosso Pai Celestial!

DESAFIO RADICAL 19

☐ Leia Gálatas 4 **[20 Pontos]**

☐ No desafio de hoje, você será o Xerife Woody na vida de alguém! Procure seu líder e peça o contato de alguém que acabou de chegar em sua igreja, sejam novos convertidos, sejam irmãos que que mudaram para sua comunidade. Escreva uma carta para um destes recém chegados, dizendo o quão importante eles são para sua igreja. Geralmente, estar em um novo lugar traz consigo medos e incertezas com relação às novidades. Por isso você vai ajudar essa pessoa a passar por esta fase de adaptação, fazendo com que ele ou ela se sinta bem recebido em sua nova casa! **[30 Pontos]**

☐ Faça uma lista com os nomes de todas as pessoas que você quer que façam parte da família de Deus! Ore por aqueles que você gostaria que aceitassem a Jesus para que tenham um encontro verdadeiro com Deus! **[20 Pontos]**

☐ Diário de um Desafio 18: No vídeo de hoje, você vai contar para todo mundo sua arma secreta, desde que se tornou cristão: SEU TESTEMUNHO! Conte como foi sua conversão e como sua vida mudou depois deste momento! Encoraje quem assistir seu vídeo a fazer o mesmo! **[30 Pontos]**

Pontuação Total do Desafio Radical 18:

SOUL: UMA AVENTURA COM ALMA

Descobri que não há nada melhor para o homem do que ser feliz e praticar o bem enquanto vive. Eclesiastes 3:12

Joe Gardner é um professor de música que dá aulas para o Ensino Médio. Ele sempre teve o sonho de se tornar um músico de jazz, mas acabou deixando esse sonho de lado para trabalhar em outros projetos. Sua grande oportunidade finalmente chega quando a renomada musicista *Dorothea Williams* o convida para tocar com ela em uma importante apresentação. De repente, o professor frustrado está vivendo o sonho da sua vida, mas um acidente acontece e ele se vê entre a vida e a morte. Sua alma é separada do seu corpo e ele vai parar no "Seminário Você", um lugar onde as almas descobrem suas paixões e talentos antes de nascerem no mundo.

Joe acaba trabalhando para ajudar a Alma número 22, alguém que já está há muito tempo no Seminário e não quer de jeito nenhum voltar à Terra. Quando Joe finalmente acorda no hospital, ele muda completamente sua perspectiva sobre como encontrar a felicidade. Antes dessa experiência, ele passou grande parte da sua vida esperando alcançar seu sonho para então ser feliz. Depois de quase morrer, ele começa a perceber as pequenas porções de felicidade diárias que estavam diante dos seus olhos e que ele simplesmente não conseguia enxergar.

Essa é a trama resumida de Soul: Uma aventura com alma, animação da Disney Pixar que ganhou dois prêmios Oscar em 2021: Melhor Animação e Melhor Canção Original.

A história de Joe se assemelha à de muitas pessoas no mundo real! Muitos vivem em busca de uma felicidade ideal e criam expectativas em relação a um futuro desejado, acreditando que só serão felizes quando alcançarem o que desejam. Alguns depositam essa expectativa em encontrar a pessoa certa para se casar; outros anseiam por uma situação econômica específica para terem a casa ou o carro dos seus sonhos; ainda há aqueles que condicionam sua felicidade a concluir uma faculdade ou atingir qualquer outro objetivo. Não há nada de errado em desejar todas essas coisas, pois são sonhos legítimos. O problema surge quando condicionamos nossa felicidade a eles, pois, na busca por grandes conquistas, deixamos de perceber a beleza e a alegria que estão ao nosso redor todos os dias, nos pequenos detalhes.

Para enxergar essas pequenas porções de felicidade, é fundamental estarmos conectados ao Criador, pois Ele é a Fonte de toda alegria, criatividade e amor que podemos encontrar no mundo ao nosso redor. Nossa missão é encontrar pistas de Deus na Sua Criação. À medida que treinamos nossos olhos e ouvidos espirituais, passamos a encontrar indícios da Sua existência no sorriso de uma criança, na beleza da Sua criação, nos gestos de amor da nossa família.

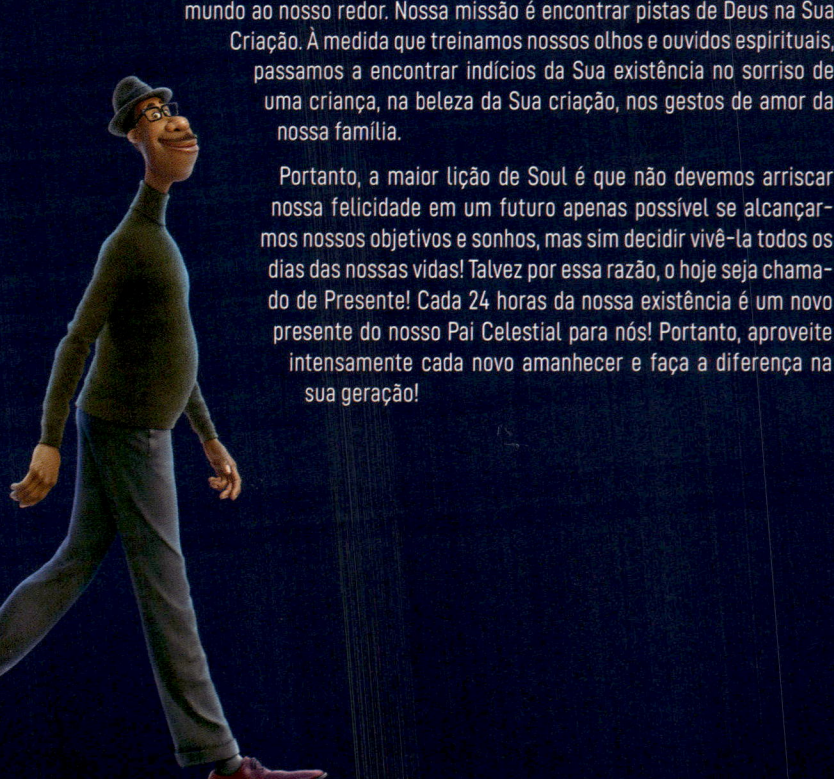

Portanto, a maior lição de Soul é que não devemos arriscar nossa felicidade em um futuro apenas possível se alcançarmos nossos objetivos e sonhos, mas sim decidir vivê-la todos os dias das nossas vidas! Talvez por essa razão, o hoje seja chamado de Presente! Cada 24 horas da nossa existência é um novo presente do nosso Pai Celestial para nós! Portanto, aproveite intensamente cada novo amanhecer e faça a diferença na sua geração!

☐ Leia Eclesiastes 3 **[20 Pontos]**

☐ Aproveite o Devocional de hoje para favorecer a reflexão a respeito deste assunto. Assista nossa Live sobre Soul e anote o que mais chamou a sua atenção. Para receber os pontos do desafio, você deve curtir o vídeo e comentar com a hashtag #DesafioRadical202x sendo x o ano em que você está fazendo este Devocional. Use o QR Code ao lado para isso **[30 Pontos]**

☐ Converse com seus pais e com dois amigos e pergunte a eles quais são os momentos de felicidade que eles conseguem identificar. Anote as respostas em seu caderno e preste atenção a estas "dicas" de seus familiares e amigos para quem sabe, descobrir novas porções de felicidade? **[30 Pontos]**

☐ Diário de um Desafio 19: Vamos compartilhar o que aprendemos hoje! Fale das pequenas porções de felicidade que você consegue detectar em sua vida! Mostre o seu devocional e encoraje seus seguidores a fazerem o mesmo! **[20 Pontos]**

Pontuação Total do Desafio Radical 19: ☐

Erguido dos anseios mais obscuros da humanidade, surge a entidade conhecida como Babilon. Esta criatura, cujo nome evoca imagens de decadência e esplendor, é uma manifestação viva do pecado da Avareza. Em um mundo dominado pela ganância e pelo desejo incessante de mais, Babilon é a epítome dessas paixões, movendo-se silenciosamente nas sombras com o poder da invisibilidade e aparecendo a qualquer momento, em qualquer lugar, graças ao seu domínio sobre o teletransporte.

Babilon nunca deixa rastros de sua presença, exceto pelo vazio que deixa nas almas daqueles que sucumbem à sua influência. Ele engana, ilude e, com sua capacidade de se teletransportar para qualquer lugar, sempre está um passo à frente dos que tentam detê-lo.

Chefe 2

Babilon: o Titã do Consumismo

No entanto, por mais astuto e poderoso que Babilon seja, ele não é indestrutível. A água, fonte da vida, é sua maior fraqueza. O simples toque do líquido revela sua forma e impede sua habilidade de se mover livremente. Para derrotar Babilon, é preciso mais do que simples força ou estratégia; é necessário evocar a sabedoria das Sagradas Escrituras:

> *Jesus respondeu: "Quem beber desta água terá sede outra vez, mas quem beber da água que eu lhe der nunca mais terá sede. Pelo contrário, a água que eu lhe der se tornará nele uma fonte de água a jorrar para a vida eterna". João 4:13,14*

Esta passagem bíblica nos lembra que a água é uma analogia para a Vida Eterna que está disponível por meio de Cristo. Confrontando Babilon com todas as armas que alcançamos nos últimos 20 dias, a humanidade pode não apenas revelar sua verdadeira forma, mas também diluir o poder corrosivo de sua avareza, banindo-a para as profundezas de onde veio.

Pontos de XP: 1400

DIA 21
PINÓQUIO

Desde a criação do mundo, podemos observar claramente os atributos invisíveis de Deus, como o seu poder eterno e a sua natureza divina, através das coisas que Ele criou. Por isso, os seres humanos não têm desculpas para não reconhecer a sua grandeza (Romanos 1:20).

Pinóquio é um dos personagens mais famosos da literatura infantil. Ele foi criado pelo jornalista italiano Carlo Collodi e viveu entre 1826 e 1890. A história original era bastante sombria e diferente da animação clássica de Walt Disney lançada em 1940, que marcou a infância de muitas gerações. Essa animação ensinava importantes valores, como a importância do trabalho, da verdade e do altruísmo. Ao longo dos anos, houve várias adaptações e releituras desta história, até que no ano de 2002, o diretor mexicano Guillermo del Toro se deparou com uma versão original do personagem, ilustrada por Gris Grimly, conhecido por produzir versões mais sombrias dos contos clássicos infantis.

A união dessas duas mentes criativas resultou em uma verdadeira obra-prima. O filme Pinóquio, lançado na plataforma de streaming Netflix, ganhou o Oscar de Melhor Animação na edição de 2023. A pergunta que fica é: como uma história tão conhecida, que já foi reproduzida tantas vezes, conseguiu conquistar o prêmio máximo do cinema? A resposta está em dois fatores fundamentais. Em primeiro lugar, o roteiro respeita a história original, trazendo inovações, como a inclusão do regime fascista de Mussolini na trama. Em segundo lugar, o destaque do filme é, sem dúvida nenhuma, a técnica de Stop Motion utilizada para gravar as cenas. Em uma época dominada pelos grandes estúdios de efeitos visuais, gravar um filme quadro a quadro quase que de maneira artesanal, com mais de duas horas de duração, foi uma verdadeira revolução!

Os números são impressionantes! Foram necessários 940 dias para finalizar o filme, cerca de 10 vezes mais do que uma produção tradicional. Nesse tipo de produção, os bonecos e os cenários são feitos artesanalmente. Cada personagem é posicionado e uma foto é tirada. Em seguida, o personagem é movido alguns milímetros e uma nova foto é tirada. Para cada segundo de filme, são necessárias aproximadamente 24 fotos. Em um filme de 2 horas (72.000 segundos), são necessárias cerca de 172.800 fotos... por personagem! Para conseguir realizar uma produção tão grandiosa dentro do prazo exigido pelo mercado de streaming, o diretor e sua equipe montaram cerca de 60 estúdios diferentes para filmar partes do filme simultaneamente.

Utilizei todas essas informações para falar com você hoje sobre uma característica fundamental de Deus: a sua eternidade! Por ser eterno, Ele não está limitado pelo tempo, ao contrário de nós. Como indivíduos, conseguimos planejar nosso futuro por alguns anos à frente, no máximo. Por isso, é tão difícil pensar a longo prazo. Mas Deus é eterno e Ele se preocupa não apenas com a nossa geração, mas também com as próximas dez, cem, mil gerações!

Assim como a produção de Pinóquio levou 10 vezes mais tempo do que o habitual, nosso Deus tem um plano que considera muitas gerações no futuro! Essa revelação deve nos levar a ter humildade, pois, por mais que sejamos importantes, somos apenas como um grão de areia diante do oceano da eternidade! Embora nossa vida na terra seja curta, nossas ações aqui refletirão em como passaremos a eternidade: ao lado de Deus ou distantes Dele!

Portanto, reflita hoje sobre a direção que sua vida está tomando e escolha passar a eternidade diante do Senhor! Posso garantir que essa é a melhor escolha que podemos fazer para aproveitar os anos da nossa existência!

DESAFIO RADICAL 21

☐ Leitura de Romanos 01 **[20 pontos]**

☐ Vamos aproveitar o tema do devocional de hoje e nos dedicar a planejar nosso futuro. No seu caderno, anote o que você gostaria de conquistar dentro de um, cinco e dez anos. Para cada objetivo que você anotou, escreva o que você acredita ser necessário fazer para alcançá-lo. Por exemplo, se você planeja se tornar um médico(a) pediatra daqui a 10 anos, anote que é preciso se preparar para os vestibulares, pois o curso é muito concorrido. Se você tem o desejo de realizar missões transculturais, é importante ser fluente, pelo menos, em inglês para se comunicar no local para onde pretende ir. Guarde essas anotações, pois será importante acompanhar seu progresso ao longo da jornada e ver como está progredindo! **[30 pontos]**

☐ Nosso Deus, por ser eterno, não está limitado pelo tempo como nós. Ele trabalha com processos que duram gerações inteiras! Como essa percepção pode ajudar você a enfrentar os desafios da sua vida? Anote sua resposta em seu caderno e procure adotar uma postura que não seja imediatista nos momentos difíceis da sua vida! **[30 pontos]**

☐ **Diário de um Desafio 21:** No vídeo de hoje, fale sobre a eternidade de Deus e o que ela representa para você. Explique por que é importante para os cristãos conhecerem esse atributo divino. **[20 pontos]**

Pontuação Total do Desafio Radical 21:

DIA 22
BRANCA DE NEVE E OS SETE ANÕES

Uma geração contará à outra a grandiosidade dos teus feitos; eles anunciarão os teus atos poderosos. Salmos 145:4

A primeira animação produzida por Walt Disney em 1937 é, na verdade, uma versão de um conto popular muito mais antigo, com origem perdida na tradição oral de muitos povos. Esse conto foi compilado pelos famosos irmãos Grimm entre 1817 e 1822. A versão original apresenta três tentativas de morte da jovem Branca de Neve, pela sua madrasta malvada. Já a animação eternizou apenas a maçã enfeitiçada que colocou a princesa em um sono profundo, aguardando pelo beijo de amor verdadeiro do príncipe encantado.

O filme foi um importante marco para o cinema, por ser a primeira animação totalmente colorida da história, que ganhou dois prêmios Oscar, quando ainda não havia uma categoria específica para animações (essa categoria foi incluída apenas em 2002, muitas décadas após a produção de Walt Disney). Desde então, foram descobertas inúmeras versões dessa história. Nelas, os anões já foram substituídos por ladrões, reis e até mesmo dragões!

Quero aproveitar essa história fantástica para falar sobre a transmissão do Evangelho ao longo dos séculos. Ao contrário dos contos de fadas, a jornada de Cristo é real e deve ser compartilhada até o fim dos tempos a partir de cada nova geração de cristãos.

No início, os primeiros discípulos de Jesus contavam suas experiências com Ele aos novos convertidos e escreviam cartas para as igrejas que surgiam nas cidades de Roma, Corinto, Colossos, entre outras. No entanto, a falta de um texto único para guiar os cristãos nos primeiros séculos levou a muitas "versões" distorcidas do Evangelho, que foram incluídas na coletânea de textos conhecidos como Apócrifos. Muitas dessas cartas continham heresias em seu conteúdo.

Essas heresias alteravam aspectos fundamentais da natureza de Deus e de Jesus Cristo, e poderiam destruir toda a doutrina cristã logo em seu início. Como resposta a essas visões equivocadas da fé cristã, os chamados Pais da Igreja iniciaram uma análise profunda das Cartas e estabeleceram critérios para selecionar quais textos fariam parte do conjunto de livros divinamente inspirados por Deus. Esse conjunto de 27 livros é conhecido como o Cânon do Novo Testamento.

Infelizmente, essa importante atitude dos pais da igreja não decretou o fim das heresias, pois elas continuaram sendo criadas ao longo dos séculos das mais variadas formas. Ainda hoje, leituras superficiais da Bíblia podem gerar novas heresias, adaptadas para o nosso tempo. Pregadores que utilizam versículos isolados para justificar suas ideias podem cometer graves erros teológicos!

Nossa arma contra esses ensinamentos é apenas uma: conhecer a Bíblia para sermos capazes de discernir o que é bíblico e teologicamente equilibrado, do que apenas uma opinião pessoal mal fundamentada. Por essa razão, é fundamental que a Bíblia que carregamos conosco não esteja apenas em nossa mochila, bolsa ou cabeceira ao lado da cama, mas faça parte diária de nossa vida Devocional!

Aprender a defender nossa fé por meio da leitura da Palavra de Deus é um ato de resistência em um mundo onde tudo é relativo e cada pessoa tem sua própria verdade. Assim como no passado, é fundamental que surjam homens e mulheres que amem a Cristo e ensinem às próximas gerações a verdade sobre quem é Jesus, sem adicionar ou retirar nenhum aspecto de sua identidade.

Podemos contar com a sua ajuda?

DESAFIO RADICAL 22

☐ Leitura do Salmo 45 **[20 pontos]**

☐ Converse com seu pastor ou seus líderes e pergunte a eles quais são as heresias que existem hoje no meio cristão. Anote as respostas em seu caderno. **[30 pontos]**

☐ No devocional de hoje, falamos sobre um grupo muito especial que ajudou a eliminar as primeiras heresias da Igreja Cristã. Faça uma rápida pesquisa sobre os Pais da Igreja (Como o período foi divido e os principais nomes de cada fase da Patrística) e anote em seu caderno uma definição sobre eles. Anote também qual o período da Patrística, no contexto da História da Igreja. **[30 Pontos]**

☐ **Diário de um Desafio 22**: No vídeo de hoje, vamos falar sobre as heresias contemporâneas! Use o exemplo do conto da Branca de Neve ao longo dos séculos para comentar com seus seguidores sobre os desafios de defender a nossa fé das heresias. Não esqueça de mencionar que a chave para vencer as heresias é o conhecimento bíblico! **[20 pontos]**

Pontuação Total do Desafio Radical 22:

DIA 23
SUPER MARIO BROS. O FILME

"Tudo o que fizerem, façam de todo o coração, como para o Senhor, e não para os homens."
Colossenses 3:23

Mario e Luigi são dois dos personagens mais famosos do mundo dos videogames, desde sua estreia em 1983, com o primeiro jogo. Com dezenas de títulos lançados desde então, em 2023 chegou aos cinemas a animação dos irmãos encanadores, que foi um sucesso estrondoso de bilheteria em todo o mundo, arrecadando incríveis $1,35 bilhão de dólares.

Nessa história, como em praticamente todos os jogos da franquia, os irmãos são encanadores que são transportados acidentalmente para o Reino Cogumelo e precisam enfrentar o malvado e obcecado Bowser para resgatar a princesa, que foi obrigada a se casar com o Rei dos Koopas. O filme é uma verdadeira homenagem aos fãs da dupla, sendo muito fiel aos jogos, e isso contribuiu para o grande sucesso da animação.

Quero aproveitar o devocional de hoje para conversar com você sobre dois aspectos relacionados ao sucesso de Super Mario Bros. O Filme.

Em primeiro lugar, um dos pontos que mais chamaram a atenção do público e da crítica no filme foi a canção "Peaches", interpretada pelo cantor Jack Black. A música se tornou viral nas redes sociais e entrou nas paradas da Billboard em pouco tempo. O cantor recebeu a missão de escrever uma das músicas do filme e fez uma performance incrível com essa oportunidade! Ele poderia ter feito algo comum que passaria despercebido, mas escolheu fazer algo surpreendente e se destacou, com aproximadamente 46 milhões de visualizações no clipe da música no YouTube até o momento em que escrevo este texto.

Esse exemplo simples pode nos ajudar a entender o texto bíblico de hoje! O apóstolo Paulo traz uma revelação profunda sobre a execução das tarefas do dia a dia: devemos realizá-las com excelência, como se estivéssemos fazendo para Deus! Jack Black recebeu uma tarefa simples para um músico experiente como ele, mas ele pegou esse trabalho e fez algo extraordinário, com excelência! Da próxima vez que alguém lhe pedir algo, seja seus pais, seu chefe ou seu pastor, faça como se fosse um pedido de Deus! Isso elevará suas atividades a um novo patamar de excelência.

Em segundo lugar, quando comparamos o sucesso da animação de 2023 com o fracasso completo do filme *"Live Action"* de 1993, podemos extrair uma lição importante para nossas vidas. Enquanto a primeira respeitou a história e a tradição da franquia *Super Mario Bros.*, a segunda tentou inovar, fazendo um filme que tinha pouco ou nada a ver com os Irmãos Italianos que gerações inteiras aprenderam a amar.

Trabalhando essa análise em nossa realidade, é importante respeitar a história e a tradição da Igreja, seja a denominação à qual você pertence, seja sua comunidade local. Você precisa honrar seus líderes e aqueles que estão há mais tempo que você nessa caminhada, valorizando tudo o que eles fizeram em prol do Evangelho nesta geração.

Eu oro neste dia para que você tenha líderes nos quais possa se espelhar, para que, quando chegar a sua vez, você também possa inspirar a vida de outros em suas jornadas pessoais!

DESAFIO RADICAL 23

☐ Leitura do capítulo de Colossenses 3 **[20 pontos]**

☐ Anote em seu caderno de que maneira você pode realizar suas tarefas diárias (estudos, trabalho, ministério) tendo em mente a proposta apresentada por Paulo no texto bíblico de hoje. Para ajudar a organizar suas ideias, faça uma retrospectiva de tudo o que você fez ontem, desde o momento em que acordou até o momento em que foi dormir. Ao lado de cada atividade anotada, escreva como você poderia fazer a mesma coisa considerando que foi o próprio Deus quem pediu a você! **[30 pontos]**

☐ Para reforçar os princípios do Devocional de hoje, assista à nossa Live sobre Super Mario Bros. Para sabermos que você veio por causa do Desafio Radical, curta o vídeo e deixe o seguinte comentário: "#DesafioRadical202x", sendo x o ano em que você está fazendo nosso Devocional. **[30 pontos]**

☐ **Diário de um Desafio 23**: No vídeo de hoje, compartilhe as ideias que você escreveu sobre como desenvolver a questão de viver com excelência em nossas vidas. Tenho certeza de que seu relato vai ajudar muitas pessoas! **[20 pontos]**

Pontuação Total do Desafio Radical 23:

DIA 24
REI LEÃO

Na primavera, época em que os reis saíam para a guerra, Davi enviou para a batalha Joabe com seus oficiais e todo o exército de Israel; e eles derrotaram os amonitas e cercaram Rabá. Mas Davi permaneceu em Jerusalém. 2 Samuel 11:1

Mufasa, o leão, é o grande Rei das Terras do Reino, governando com sabedoria e justiça. O nascimento de seu filho Simba desperta o ciúme e a inveja de Scar, irmão do rei, por ter perdido seu lugar como herdeiro do trono do Reino. Quando Simba se torna um filhote, aprende com seu pai as responsabilidades que terá quando suceder Mufasa no futuro.

A vida do jovem Simba muda drasticamente por causa de um plano maligno de Scar, que resulta não apenas na morte do rei, mas também em fazer com que Simba se sinta culpado por algo que não fez. O remorso e a culpa por acreditar que causou a morte de seu pai levam o jovem leão a fugir para longe, onde quase morre de fome e sede. Ele é salvo por Pumba e Timão, um javali e um suricate, que se tornam grandes amigos do filhote. Depois de anos vivendo no estilo "Hakuna Matata", Simba é confrontado com seu destino e ele, junto com seus amigos, retorna ao Reino para tomar o trono do maléfico Scar.

Essa é uma breve história do filme "O Rei Leão", uma animação de 1994 produzida pela Disney que ganhou dois prêmios do Oscar: Melhor Canção Original e Melhor Trilha Sonora. A história foi revisitada em 2019 em uma versão *live-action* como parte de um grande projeto de refilmagens das animações clássicas da Disney.

No meio da tragédia de perder o pai e se culpar por isso, Simba foge e evita suas responsabilidades com o Reino. Os anos em que ele viveu longe, "aproveitando a vida" com Timão e Pumba, resultaram em opressão e sofrimento para os animais, que agora estavam sob a liderança egoísta e tirânica de Scar e suas aliadas, as hienas.

O texto base de hoje, descreve um dos trágicos capítulos da vida do Rei Davi, em que ele foi negligente com suas responsabilidades e isso desencadeou uma série de eventos catastróficos, não apenas para ele, mas para todo o Reino de Israel. Quando seu exército partiu para a guerra, ele permaneceu em Jerusalém, irresponsavelmente.

Cada geração tem suas responsabilidades, e precisamos estar atentos a elas, para que outras pessoas não sofram por causa de nossa negligência. Precisamos de jovens responsáveis em relação às suas famílias, igrejas e à sociedade como um todo.

Esteja ciente dos problemas que seus pais enfrentam diariamente e, se possível, ajude-os no que puder. Em muitas situações, pequenos gestos têm um potencial enorme para transformar realidades!

Na sua igreja, mesmo que eu não a conheça pessoalmente, tenho certeza de que seu pastor ou pastora precisa de ajuda em diversas áreas. Procure ser útil em sua igreja local, pois você não faz ideia do que Deus pode fazer em sua vida se você for fiel nas pequenas coisas!

Por fim, a sociedade precisa que você seja um cidadão responsável! Não diga que os problemas do seu país são apenas para os adultos ou para os outros! Você faz parte da solução de Deus para esta geração! Por isso, é importante conhecer mais sobre o que os políticos fazem e qual é o papel de um vereador, deputado ou senador, para escolher candidatos sérios que compreendam os problemas do país e possam contribuir para construir um futuro melhor para todos!

São muitas responsabilidades que o futuro apresentará a cada um de vocês, queridos leitores deste devocional. Tenho certeza de que todos vocês serão bem capacitados por Deus e por suas escolhas para estarem preparados para cada uma delas!

DESAFIO RADICAL 24

☐ Leia 2 Samuel 11 **[20 Pontos]**

☐ Converse com seus pais ou responsáveis sobre as principais necessidades de sua família atualmente. Converse com o seu pastor sobre as necessidades de sua igreja, neste momento. Coloque tudo o que ouviu, em seu caderno de orações. **[30 Pontos]**

☐ Tempo de Oração. Ore a Deus para se levante uma geração de jovens responsáveis nestes dias! Coloque os pedidos de oração que você anotou no item anterior diante de Deus. Agora que você conhece estas necessidades, ore por elas não apenas hoje, mas insira estes pedidos em sua rotina de oração. **[30 Pontos]**

☐ Diário de um Desafio 24: No vídeo de hoje, fale sobre a importância da responsabilidade em nossas vidas. Se você puder, exemplifique através que você fez para ajudar em sua casa ou igreja recentemente. Incentive seus seguidores a pensarem também sobre assumirem seus papéis para serem parte da solução de Deus para esta geração! **[20 Pontos]**

Pontuação Total do Desafio Radical 24:

DIA 25
A ERA DO GELO

Não se deixem vencer pelo mal, mas vençam o mal com o bem.
Romanos 12:21

A Era do Gelo foi um período cruel e violento, em que a sobrevivência era a única regra. Foi um momento de transição e mudanças geográficas drásticas, o que levou a grandes movimentos migratórios dos animais e resultou em encontros inesperados.

Manny, o mamute, vive solitário e isolado após seu grupo ser atacado por caçadores humanos, o que fez com que ele perdesse sua esposa e filho. Esse trauma o faz evitar o relacionamento com os outros, levando-o a caminhar na direção oposta à jornada migratória dos demais animais.

Sid é um bicho-preguiça desengonçado e divertido que foi abandonado por sua família, precisando migrar sozinho. No caminho, ele acaba sendo atacado por rinocerontes pré-históricos depois de sujar acidentalmente a refeição deles. Manny salva Sid dos rinocerontes e, a partir deste momento, ele o segue para não se tornar uma presa fácil.

Por fim, Diego, o Tigre-Dentes-de-Sabre, faz parte de uma alcateia que busca vingança contra caçadores humanos que mataram metade do seu grupo. Para isso, decidem matar um bebê humano recém-nascido, filho do líder do grupo. No entanto, Diego não consegue concluir a missão e permite que a mãe e o bebê escapem, passando a caçá-los para se redimir com seu grupo.

A mãe escapa, mas fica ferida no caminho e entrega o bebê para Manny e Sid. Diego se junta ao grupo, inicialmente com o objetivo de cumprir sua missão, mas, ao conviver com a caravana improvável, ele é transformado pelos amigos, que se tornam sua nova família. Juntos, o trio passa por uma série de aventuras até devolver o bebê à sua tribo. Essa é a história de A Era do Gelo, uma animação de 2002 codirigida pelo brasileiro Carlos Saldanha. O sucesso foi tamanho que deu início a uma franquia de filmes que, até 2023, conta com seis filmes entre sequências e spin-offs.

Essa história é simplesmente incrível para tirarmos lições para nossas vidas. Em um mundo hostil, cruel e violento como o representado pela animação, ainda há espaço para bondade, companheirismo e amizade! O apóstolo Paulo aponta, no texto base, algo que os personagens descobrem nesse mundo glacial: não devemos retribuir o mal com mal!

Vivemos em um mundo cruel e frequentemente injusto. A tentação em usar as mesmas estratégias dessa sociedade é muito grande. Nosso Mestre, Jesus, no entanto, nos ensinou como enfrentar as injustiças e desafios deste tempo:

> *"Mas eu lhes digo: não resistam ao perverso. Se alguém te ferir na face direita, ofereça-lhe também a outra."* (Mateus 5:39)

Não seguir os padrões da sociedade em que estamos inseridos é fundamental se queremos fazer alguma diferença em nossa geração! Ao longo dos séculos, cristãos caminharam na direção oposta da sociedade em que viviam, oferecendo a outra face mesmo quando desejavam destruí-los. A grande revolução do cristianismo foi mostrar o poder do amor em um mundo cruel!

Para resistirmos ao individualismo, egoísmo e à competição que enfrentamos nos dias atuais, é fundamental que não caminhemos sozinhos. A união entre Manny, Sid e Diego tirou o trio de suas vidas sem propósito e os uniu como uma família.

Acredito que essa é a função da Igreja cristã hoje em dia: unir os solitários, os desajustados e os mercenários para que, juntos, aprendam com as fraquezas uns dos outros e se tornem mais fortes!

DESAFIO RADICAL 25

☐ Leia Romanos 12 **[20 Pontos]**

☐ Nossos personagens de hoje encontraram amigos que foram fundamentais para a aventura que enfrentaram. Você tem pessoas assim em sua vida? Pense um pouco em 3 pessoas que você reconhece como importantes em sua jornada. No desafio de hoje, nosso objetivo será expressar nossos sentimentos a elas, contando por que são tão importantes para você. Faça uma ligação e diga o quanto elas são importantes em sua caminhada. Honrar pessoas especiais enquanto estão vivas é uma excelente maneira de demonstrar amor e carinho! **[30 Pontos]**

☐ O Devocional de hoje falou sobre o poder transformador da amizade e o bem que a companhia de Manny, Sid e Diego fizeram uns aos outros. Por isso, convide dois amigos para fazerem o Devocional de hoje com você! Depois, conversem sobre o que cada um entendeu da leitura que fizeram! **[30 Pontos]**

☐ Diário de um Desafio 25: No vídeo de hoje, fale sobre a importância da amizade em nossas vidas. Conte sua história pessoal, mencione seus amigos e como os conheceu. Peça para seus seguidores escreverem suas próprias histórias nos comentários do seu vídeo! **[20 Pontos]**

Pontuação Total do Desafio Radical 25:

DIA 26
MADAGASCAR

Ao invés disso, deveriam dizer: "Se o Senhor quiser, viveremos e faremos isto ou aquilo". Tiago 4:15

No Zoológico de Nova York, o Leão Alex é a principal estrela. Acostumado com os holofotes e a atenção da população, ele brilha em suas apresentações diárias. Ele está muito confortável, pois tem tudo o que precisa para viver, sem precisar fazer nenhum esforço. Além disso, seus melhores amigos, a Zebra Marty, a Girafa Melman e a Hipopótamo Gloria, convivem com ele nesse ambiente bastante agradável e seguro.

Tudo mudaria de repente quando Alex e seus amigos se envolvem em um plano de fuga dos astutos pinguins do Zoológico. Todos serão pegos pelas autoridades e enviados para a ilha de Madagascar para viverem na natureza. Longe do conforto e comodidade de seu antigo lar, eles enfrentarão muitos desafios e conhecerão vários habitantes da ilha, incluindo as lêmures, pequenas criaturas que foram oprimidas por muito tempo pelas fossas, mamíferos carnívoros extremamente ferozes. Como Alex está no topo da cadeia alimentar, consegue facilmente afastar a ameaça das fossas para longe das lêmures. Uma reviravolta na trama ocorre quando o Leão começa a delirar devido à fome que está sentindo e passa a ver todos os seus amigos e aliados como pedaços de carne ambulantes. Para proteger seus amigos, ele se isola, criando a oportunidade perfeita para as fossas retornarem.

Esse é o resumo do enredo de Madagascar, produzido pelo estúdio DreamWorks Animation e lançado em 2005. A premissa dessa animação pode nos ajudar a compreender um conceito muito presente na Bíblia e na História da Igreja Cristã: a Providência Divina.

Alex e seus amigos foram levados até Madagascar aparentemente sem motivo, mas quando chegam lá, encontram um cenário de opressão das fossas sobre as lêmures, e eles podem ajudar a resolver essa situação, trazendo paz para as pequenas criaturas. Aquilo que poderia ser considerado um acaso mostra-se útil para transformar a realidade de uma espécie inteira.

No Antigo Testamento, existe um livro que gerou muitos debates entre os teólogos cristãos ao longo dos séculos. A polêmica envolvendo o Livro de Ester ocorreu porque um dos critérios mais importantes para considerar um livro canônico era a menção do nome de Deus em suas páginas, o que não ocorre em Ester.

A solução teológica foi compreender que, mesmo que o Senhor não seja explicitamente mencionado no livro, Sua Providência se manifesta em cada um dos acontecimentos que a Rainha e os judeus que permanecem na Pérsia após a Queda da Babilônia enfrentam.

Com Seu poder infinito, Deus controla os eventos e atua em nossa realidade para preservar Sua vontade e manter Seu plano soberano sobre nossas vidas. Nesse sentido, a Providência Divina nos ensina que não existem acasos, pois tudo está sob a tutela do nosso Senhor, que **é Onipresente** (está em todos os lugares) e **Onipotente** (possui todo o poder). O apóstolo Tiago, em sua carta, deixa claro esse conceito ao nos mostrar a importância de colocar nossos planos e projetos em oração a Deus, para que nossa vontade esteja alinhada com Sua vontade soberana.

Portanto, compreenda que sua jornada até este momento não é uma fatalidade, mas faz parte de um plano maior de Deus para sua vida. A grande notícia que essa revelação traz é que, ao nos submetermos à Sua vontade, além de sermos abençoados, abençoaremos pessoas, cidades, nações e gerações inteiras!

Tudo está conectado!

DESAFIO RADICAL 26

☐ Leitura de Tiago 4 **[20 pontos]**

☐ Você consegue perceber a Providência Divina em sua vida? Algo que, no momento em que aconteceu, parecia sem razão ou motivo, e que mais tarde se mostrou parte de algo maior em sua vida? Deixe-me exemplificar: quando eu tinha 10 anos, sofri um acidente muito grave ao cair de uma árvore e machuquei meu pescoço, precisando usar um gesso em uma posição desconfortável. Como não conseguia levantar os olhos para assistir televisão, minha mãe comprou revistas em quadrinhos para que eu pudesse passar o tempo. Essas primeiras revistas me levaram a me apaixonar pelas histórias dos personagens da Marvel e DC, o que anos depois resultou no projeto Parábolas Geek. Agora que contei uma experiência da minha vida, faça o mesmo! Se precisar de ajuda, converse com seus pais para que possam ajudá-lo a recordar de algo que passou despercebido por você **[30 pontos]**

☐ Tempo de Oração: Reserve um tempo especial de oração neste dia e busque alinhar seus sonhos e planos com a vontade de Deus. Relembre as anotações que você já fez sobre planos e sonhos e coloque-os diante de nosso Pai. A melhor escolha para nossas vidas é viver com intensidade os planos que Ele tem para nós! **[30 pontos]**

☐ Diário de um Desafio 26: O tema do vídeo de hoje será a Providência Divina! Explique o que você entendeu do nosso estudo e mencione os exemplos que você identificou em sua vida, onde percebeu sua manifestação. Convide seus seguidores a fazerem o mesmo, compartilhando suas próprias situações na seção de comentários do seu vídeo! **[20 pontos]**

Pontuação Total do Desafio Radical 26:

DIA 27
MONSTROS S.A.

No amor não há medo; pelo contrário o perfeito amor expulsa o medo, porque o medo supõe castigo. Aquele que tem medo não está aperfeiçoado no amor. 1 João 4:18

A cidade de Monstrópolis, como o próprio nome sugere, é habitada apenas por monstros dos mais variados tipos. Neste lugar incomum, a energia elétrica que abastece toda a cidade é armazenada em baterias que são alimentadas pelos gritos de crianças do nosso mundo. Neste mercado energético, a Monstros S.A. é a principal empresa, que vê o faturamento diminuindo, pois, as crianças não se assustam mais como antigamente, gerando menos energia, o que pode causar um colapso total na cidade!

O trabalho na empresa consiste em uma dupla, o assustador e seu assistente, abrirem um portal interdimensional entre Monstrópolis e o nosso mundo, através de portas que inserem o monstro no armário da criança a ser assustada. Entre todos os funcionários, James P. Sullivan e Mike Wazowski são os melhores, o que desperta a inveja de Randall Boggs, que está logo atrás no ranking da Monstros S.A.

A vida da dupla muda drasticamente quando uma das crianças passa pelo portal e começa a caminhar pela cidade. Isso é uma grave violação de segurança, pois os monstros acreditam que as crianças são tóxicas e podem contaminá-los. Eles se apegam à garota, a quem dão o nome de Boo, e passam a protegê-la do restante da cidade. Nas aventuras que enfrentarão, eles descobrem um plano do CEO da empresa para sequestrar crianças.

Com o passar do tempo, descobrem que o riso de Boo é muito mais poderoso que seus gritos para armazenar energia. Mike e Sully desmascaram a conspiração e são nomeados os novos diretores da Monstros S.A. Eles traçam um novo plano em que os monstros agora precisam divertir as crianças para extrair risos delas, ao invés de assustá-las como faziam antes.

Essa é a história de Monstros S.A., filme da Disney Pixar de 2001, que concorreu com Shrek pelo primeiro Oscar de Melhor Animação, mas venceu na categoria de Melhor Canção Original com "Eu nada seria se não fosse você" (*If I Didn't Have You*, no original).

O devocional de hoje nos ensina um princípio poderoso: o medo não pode ser comparado ao poder do amor em nossas vidas! O medo pode nos aprisionar, seja em situações, em nosso passado ou em relação a outras pessoas, mas o amor é libertador!

Como o apóstolo João, conhecido como o apóstolo do amor por ser aquele que mais se aproximou de Jesus durante seu ministério terreno, afirma no texto base de hoje, o perfeito amor expulsa o medo!

Algo que você tenha feito no passado não pode resistir ao poder do amor de Deus por você! Você não tem o direito de permanecer aprisionado pelo medo do passado ou das pessoas, mas precisa receber esse amor que nos constrange, pois não merecíamos algo tão grandioso como o sacrifício de Seu Filho pelo perdão de nossos pecados!

Por isso, a alegria da salvação deve ser o sentimento que rege nossas vidas. Não há espaço para o medo quando muitas vidas ainda estão aprisionadas por seus próprios Monstros.

É nosso dever espalhar essa alegria por onde formos, em nossa geração!

DESAFIO RADICAL 27

☐ Leia Efésios 1 e 1 João 4 **[20 Pontos]**

☐ Monstros S.A. proporciona uma excelente reflexão sobre o medo que sentimos por meio dos monstros representados no filme. Vamos aproveitar essa oportunidade para descrever nossos próprios Monstros. Tire um tempo para refletir sobre o que mais lhe causa medo hoje. Pode ser um sentimento, pessoas, algo que aconteceu em seu passado ou algo relacionado ao seu futuro. Anote tudo o que você conseguir se lembrar, mas não tenha pressa, pois queremos orar sobre isso no próximo tópico! **[30 Pontos]**

☐ Tempo de oração: Agora que você nomeou os monstros que podem paralisar você e impedir que alcance seu potencial nesta geração, vamos orar para que o Senhor venha com Sua alegria e amor sobre você, para quebrar o poder de todo o jugo! Declare cada um dos monstros que você descreveu e ore especificamente sobre cada um deles. **[30 Pontos]**

☐ Se, por acaso, algum dos monstros que você descreveu tiver relação com algo que você tenha feito e o medo sentido seja por causa das consequências do que fez, precisamos de uma atitude extra. Em primeiro lugar, peça perdão a Deus por isso. Agora, caso essa atitude tenha afetado outra pessoa, você precisa pedir perdão a ela e, na medida do possível, consertar as coisas. Só assim você lança a Luz do Evangelho sobre as Trevas do Medo e da Vergonha! **[20 Pontos]**

☐ Diário de um Desafio 27: O tema do vídeo de hoje é medo! Converse sobre o que você aprendeu no Devocional de hoje, reforçando o poder infinitamente superior do amor em relação ao medo. Se possível, ore por todos aqueles que estiverem assistindo ao seu vídeo, para que também sejam livres de todo o medo que os aprisiona! **[20 Pontos]**

Pontuação Total do Desafio Radical 27:

DIA 28
KUNG FU PANDA

Certa vez, José teve um sonho e, quando o contou a seus irmãos, eles passaram a odiá-lo ainda mais. Gênesis 37:5

Um lugar chamado Vale da Paz, perdido no interior da China Antiga, é habitado por animais antropomórficos. Neste lugar, encontramos Po, um panda gigante que é entusiasta do Kung Fu e pelos seus maiores representantes: os Cinco Furiosos. Este grupo é formado pela Tigresa, Víbora, Louva-a-Deus, Garça e Macaco. Todos eles foram treinados pelo Mestre Shifu no grande Palácio de Jade. Po, tem o sonho de aprender Kung Fu, mas não consegue por causa de seu trabalho no restaurante de seu pai adotivo, o ganso Sr. Ping.

O grão-mestre do Palácio, a tartaruga Oogway, tem uma visão sobre o retorno do ex-aluno e filho adotivo de Shifu, Tai Lung, que há muito havia sido aprisionado por seus crimes. Por isso, uma grande cerimônia é programada para escolher, entre os Cinco Furiosos, o Lendário Dragão Guerreiro, o único mestre do Kung Fu digno de receber o Pergaminho do Dragão, que possui o segredo do poder ilimitado, para então derrotar Tai Lung.

Po estava ajudando seu pai no restaurante e, por isso, chegou atrasado para a cerimônia no Palácio de Jade e as portas estavam fechadas. Como queria muito saber qual dos Cinco seria o escolhido, tentou de todas as formas entrar, até conseguir, de maneira bastante desajeitada, com uma cadeira cheia de fogos de artifício. O plano funciona, mas faz com que Po caia no centro da cerimônia, em frente ao mestre Oogway, que o proclama como Dragão Guerreiro, contra a vontade de Shifu, dos Cinco Furiosos e de toda a plateia que não acredita no que acabou de acontecer.

Acreditando que o Grão-mestre errou em sua escolha, Shifu tenta fazer com que Po desista ao impor a ele um severo treinamento. Na medida em que Po persiste e persevera, ele acaba conseguindo a amizade dos Cinco Furiosos e o respeito do próprio Shifu. O panda será provado na luta final contra Tai Lung e vencerá, descobrindo que o verdadeiro poder do Dragão Guerreiro vem de dentro dele mesmo e não depende de pergaminhos ou talismãs externos.

Esta é a história de Kung Fu Panda, animação de 2008, produzida pela DreamWorks Animation, que rendeu até o momento duas sequências, uma em 2011 e outra em 2016, além de duas séries de TV.

A Bíblia conta a história de um jovem sonhador que, assim como Po, passou por um severo treinamento para que sua motivação e resiliência fossem colocadas à prova, pois caberia a ele a salvação não apenas de uma aldeia, mas de todo o seu povo. Seu nome é José, e ele foi o filho mais novo entre os doze filhos de Israel. José foi odiado por seus irmãos pelo ciúme que sentiam dele por ser mais amado por seu pai e pelos sonhos que tinha. Esse ódio os levou a vendê-lo como escravo e dizer a seu pai que ele havia sido devorado por animais do deserto.

Uma longa jornada se inicia com muitas provações ao jovem até que ele se torna o administrador do Egito, cargo dado pelo próprio faraó. Nessa posição de destaque, ele pode trazer sua família para que habitem com ele e sejam salvos de uma grande fome que se estabeleceu na terra.

Os dois exemplos de hoje devem nos levar a compreender que precisamos ser resilientes com os nossos sonhos. Entre a promessa e seu cumprimento, existe um espaço chamado PROCESSO!

Mesmo que mais ninguém acredite em seu sonho, é seu dever perseverar até que outras pessoas passem a acreditar nele com você.

Viva os processos da vida com a consciência de quem sabe que eles existem para te levar para mais perto da realização de seus projetos!

DESAFIO RADICAL 28

☐ Leia Genesis 37 **[20 Pontos]**

☐ A história de José é muito importante para a fixação do Devocional de hoje! Neste sentido, vamos ler toda a história dele. Por isso o Desafio de hoje é você efetuar toda a leitura desta história, que você encontra nos capítulos 39-50 de Gênesis **[50 Pontos]**

☐ Diário de um Desafio 28: O tema do vídeo de hoje será: SONHOS! Fale da história de José e de como ele perseverou até que seu sonho se realizasse! O mais importante aqui é que ele reconheceu que tudo o que aconteceu a ele, fazia parte de seu propósito para aproximá-lo do cumprimento do sonho e da promessa de Deus a ele! Conte a seus seguidores, alguns de seus sonhos e como você pensa em realiza-los! **[30 Pontos]**

Pontuação Total do Desafio Radical 28:

DIA 29
COMO TREINAR SEU DRAGÃO

Ninguém o despreze pelo fato de você ser jovem, mas seja um exemplo para os fiéis na palavra, no procedimento, no amor, na fé e na pureza. 1 Timóteo 4:12

O vilarejo de Berk é povoado por vikings que precisam enfrentar dragões, que periodicamente roubam gado e ovelhas da ilha onde habitam. Esses intrusos transformaram toda a estrutura dessa sociedade peculiar, onde os guerreiros que mais matam dragões são os mais respeitados. Desde cedo, os recrutas são treinados para caçar e aniquilar os dragões.

Nessa mesma aldeia vive Soluço, filho adolescente do chefe do vilarejo, Stoico, o Imenso. Soluço não tinha o porte físico dos outros de sua idade, nem tampouco, a mesma habilidade com as armas. Por isso, ao invés de lutar, ele era aprendiz do ferreiro Bocão na forja de espadas e escudos utilizados na batalha. O jovem queria muito provar seu valor, então, em um dos ataques, ele consegue prender um dragão Fúria da Noite, muito raro e temido pelos vikings de

Berk. Soluço sai à procura do dragão e, como não consegue matá-lo, ele o liberta. Descobre que ele não consegue voar por causa de um ferimento em sua cauda, provocado pela queda. Gradativamente, ele consegue conquistar a amizade do dragão, domando-o a ponto de conseguir montar em Banguela, nome que ele dá ao dragão por causa de seus dentes retráteis.

Soluço observa o comportamento de seu novo amigo e com isso aprende muito mais do que todas as gerações anteriores de seu povo a respeito dos animais. Por isso, se destaca no treinamento dos recrutas, ganhando a admiração de todo o povo.

Quando seu pai descobre que ele não estava enfrentando os dragões, mas tentando domesticá-los, fica extremamente desapontado com ele, partindo em busca do ninho. Chegando lá, despertam o gigantesco Morte Rubra, que dá ordens aos demais dragões para que consigam comida para ele. Uma grande batalha se inicia, com Soluço e seus amigos montando dragões e salvando todos os guerreiros das outras gerações de vikings.

Stoico pede perdão a seu filho e agora toda a vila de Berk vive em harmonia com os dragões, trabalhando juntos pelo bem de todos, agora como animais de estimação, não mais como ameaças a serem destruídas.

Esse é um resumo da trama de Como Treinar Seu Dragão, animação de 2010, produzida pela DreamWorks Animation, que recebeu duas indicações ao Oscar, de melhor animação e melhor trilha sonora.

No devocional de hoje, vamos falar sobre a importância dos jovens no meio da Igreja Cristã. No texto base de hoje, o apóstolo Paulo encoraja seu discípulo Timóteo a desenvolver seu ministério, mesmo sendo um jovem pastor. Assim como Soluço perseverou em sua visão de um mundo onde vikings e dragões poderiam coexistir, nós também devemos perseverar em nossa missão e propósito na terra.

O conselho de Paulo a Timóteo revela algo profundo: como um jovem pode ser levado a sério pelas gerações mais velhas? Sendo um exemplo naquilo que é imutável no cristianismo! A fidelidade à Palavra de Deus é fundamental para que o jovem cristão possa ser ouvido em suas ideias que associam sua fé com o período em que vivem.

Você pode ter ideias maravilhosas de como usar as tecnologias de seu presente para que o Evangelho seja conhecido em toda a Terra. Mas, para que seja ouvido, precisa ter uma vida que esteja de acordo com a Palavra de Deus.

Ouça agora outro conselho, não de Paulo, mas meu: nós precisamos que vocês avancem, pois, a minha geração precisa da sua para juntos continuarmos pregando o Evangelho do Reino até o fim!

Por isso, por favor, leve a sério seu relacionamento com Deus e com a Palavra. O futuro da Igreja Cristã depende disso!

DESAFIO RADICAL 29

☐ Leia 1 Timóteo 4 **[20 Pontos]**

☐ No dia de hoje, vamos refletir sobre novas ideias para fazermos com que Jesus se torne mais conhecido em nossos dias. Pense em como o uso das tecnologias existentes em nossa geração pode ser um poderoso instrumento de evangelismo e discipulado! Use como base sua igreja local, pensando em maneiras de ajudar sua liderança em seu imenso trabalho. Precisamos de pelo menos três ideias que possam revolucionar a Igreja Cristã no século XXI. Anote suas ideias em seu caderno, sendo o mais detalhado que você conseguir. **[30 Pontos]**

☐ Agora que você anotou suas ideias, apresente ao líder que cuida de você no dia a dia de sua vida na igreja. Mostre e explique suas ideias a ele ou a ela. O objetivo é mostrar que você se importa com sua igreja e deseja contribuir com a melhoria dos processos. **[30 Pontos]**

☐ Diário de um Desafio 29: No vídeo de hoje, vamos falar sobre o que aprendemos no devocional de Como Treinar Seu Dragão! Para ser ouvido e respeitado pelos demais vikings, Soluço precisou ter a coragem de enfrentar o *Dragão Morte Rubra* com seus amigos. Fale a eles sobre o que os jovens precisam fazer para serem respeitados e ouvidos pela geração mais experiente em nossos dias! **[20 Pontos]**

Pontuação Total do Desafio Radical 29: ☐

DIA 30
RED: CRESCER É UMA FERA

O que foi tornará a ser, o que foi feito se fará novamente; não há nada novo debaixo do sol. Eclesiastes 1:9

A adolescente sino-canadense Meilin Lee tem uma vida cheia de compromissos escolares na cidade de Toronto. Ela deseja agradar sua mãe, a rígida Ming Lee, que, por ser uma imigrante, exige que sua filha seja a melhor aluna para que seja alguém relevante no futuro.

Quando completa treze anos de idade, algo extraordinário e assustador acontece com a jovem: ela se transforma em um grande panda-vermelho todas as vezes que perde o controle de suas emoções. Depois de muita confusão e tentativas de esconder sua nova forma, Mei descobre que isso acontece com todas as mulheres de sua família, a partir de uma maldição ancestral que assombra a dinastia Lee.

Sua mãe conta que há um ritual para aprisionar a essência do panda-vermelho gigante em algum artefato e assim separar essa personalidade. Se ela não passar pelo ritual, corre o risco de ficar para sempre com o fardo de se transformar na criatura. O problema é que a garota gosta de ser o panda e por isso o ritual não funciona como deveria. Sua mãe fica irada pela atitude da filha e com isso libertará também seu panda-vermelho, que é literalmente uma criatura gigantesca. Apenas com a ajuda de toda a sua família e de suas melhores amigas, Mei conseguirá trazer sua mãe de volta à sua forma natural e consertar as coisas com as outras gerações de sua família.

Este é um grande resumo de Red: Crescer é uma Fera, animação de 2022, produzida pela Disney Pixar, indicada ao Oscar de Melhor Animação de 2023, prêmio este ganho por Pinóquio, de Guillermo del Toro.

Este filme é uma metáfora sobre as mudanças que a adolescência traz para todos nós. Um período de transição que pode ser muito assustador se não contarmos com a ajuda daqueles que nos amam. Uma questão muito importante que o filme traz, entre tantas que poderíamos citar, é a falta de comunicação entre mãe e filha. Se Ming tivesse contado a Mei o que poderia acontecer com ela quando entrasse na puberdade, toda a surpresa e espanto com sua nova natureza não teria acontecido.

A comunicação entre as gerações sempre foi um grande desafio em todos os períodos da história da humanidade. Todas as transformações que a tecnologia trouxe para o nosso presente intensificaram ainda mais esse desafio. As verdadeiras revoluções tecnológicas modificam a estrutura de toda a sociedade, diminuindo o intervalo entre uma geração e outra. Isso faz com que mais gerações convivam simultaneamente, já que o espaço de tempo entre elas, que era de vinte anos, agora é de apenas cinco.

Para resolver esse problema, é fundamental que exista boa vontade entre todos os envolvidos. Pais precisam compreender que o mundo de seus filhos não é o mesmo em que eles cresceram. O mundo muda, e com essas mudanças é necessário se adaptar e auxiliar seus filhos nessa jornada chamada amadurecimento.

Já os filhos precisam reconhecer e honrar todo o esforço que os pais fizeram no passado e ainda fazem no presente para que a vida dos filhos seja a melhor possível.

Com humildade e paciência, é possível que esta estrada de mão dupla chamada comunicação, possa voltar a ser trilhada por pais e filhos nesta geração!

DESAFIO RADICAL 30

☐ Leia Eclesiastes 1 **[20 Pontos]**

☐ Converse com seus pais e peça para que eles contem como era a comunicação com seus avós. Como eles conversavam, se tinham ou não tinham liberdade para tratar de qualquer assunto, enfim, peça para contarem o que eles lembram a esse respeito. Depois de ouvir o que eles têm a dizer, conversem sobre como vocês podem melhorar a comunicação e a confiança para conversarem sobre qualquer assunto, sem a vergonha ou o receio do que vão pensar uns dos outros. Este é um exercício muito importante para o seu futuro, por isso não deixe de fazer! **[20 Pontos]**

☐ A animação de hoje apresenta uma série de princípios possíveis para nosso aprendizado. Ainda bem que já trabalhamos esses pontos em uma Live especial sobre Red: Crescer é uma Fera. Assista a ela e deixe um comentário dizendo que você chegou ao vídeo por causa do Livro. Use a hashtag #DesafioRadical neste comentário! **[30 Pontos]**

☐ Diário de um Desafio 30: No vídeo de hoje, vamos conversar sobre... comunicação! Fale sobre o que você aprendeu durante o Devocional de hoje e, se sentir confortável com isso, conte um pouco de como você tem tentado melhorar a comunicação com seus pais ou responsáveis. Peça para seus seguidores contarem suas experiências pessoais e também darem dicas práticas do que eles fazem para que a conversa com seus pais seja a melhor possível! **[30 Pontos]**

Pontuação Total do Desafio Radical 30:

Das névoas do passado, emerge o imponente Gladiador Dourado, um ser cuja armadura brilha tão intensamente quanto sua ambição. Esta figura majestosa é a personificação da Soberba, um dos pecados bíblicos. Com a habilidade de ler e manipular mentes através de sua telepatia, ele influencia reinos, moldando-os conforme sua vontade. Seu escudo, quase tão poderoso quanto sua mente, repele quase todos os ataques.

Porém, a mesma armadura que o protege esconde sua maior vulnerabilidade. Incrustados em sua estrutura dourada estão pontos fracos, que se atingidos, podem feri-lo profundamente. A soberba, afinal, muitas vezes cega aqueles que a possuem, impedindo-os de ver suas próprias falhas.

Os que desejam enfrentar o Gladiador Dourado devem lembrar das palavras sagradas:

Chefe 3

Gladiador Dourado: o Titã da Soberba

"Antes da destruição, o coração do homem se exalta, mas a humildade precede a honra."
Provérbios 18:12.

Aqueles que buscam enfrentá-lo devem fazê-lo com humildade, focando nas falhas de sua armadura. É através do reconhecimento de sua própria fragilidade e da confiança no divino que se pode derrubar a arrogância do Gladiador Dourado, trazendo-o de volta às sombras de onde veio.

Pontos de XP: 2300

DIA 31
MOANA

"Esqueçam o que se foi; não vivam no passado. Vejam, estou fazendo uma coisa nova! Ela já está surgindo! Vocês não o percebem? Até no deserto vou abrir um caminho e riachos no ermo. Isaías 43:18,19

Moana Waialiki encontrou, quando criança, uma joia muito importante para a cultura de seu povo, na região onde hoje está a Polinésia Francesa. Essa joia é o Coração de Te Fiti, que, segundo lendas e tradições, foi roubada da própria deusa pelo poderoso Maui. Seu objetivo era entregar o Coração aos humanos como presente para que fosse amado por eles. Durante sua aventura, Maui enfrentou o monstro de lava Te Ka e perdeu não apenas a joia preciosa, mas também seu anzol mágico. A partir de então, todas as ilhas criadas por Te Fiti ficaram amaldiçoadas, com escassez de recursos alimentares.

O encontro da pequena Moana com o importante artefato acontece mil anos depois desses acontecimentos. Sem saber o que era aquilo, só reencontrará com ele durante sua adolescência, anos mais tarde. A jovem está sendo treinada para suceder seu pai no comando da Ilha em que ela e seu povo vivem. O momento é crítico, pois os peixes, que são a base da alimentação na ilha, foram embora e os cocos, estragaram nas árvores. Ela pede para navegar para além da segurança dos corais próximos às margens da praia, mas é impedida por seu pai, o chefe Tui, que fica muito zangado com o pedido de Moana. Mais tarde, descobre que ele age assim porque, no passado, seu melhor amigo tentou o mesmo, morrendo no processo. Por isso, ele proíbe sua filha de tentar ajudar seu povo dessa forma.

Sua avó Tala, que havia guardado o Coração de Te Fiti por todos esses anos, entrega a garota e mostra uma passagem secreta atrás de uma cachoeira que abriga navios que seus antepassados usaram para navegar para além da ilha. Tala diz que o único jeito de salvar a ilha é encontrar Maui e devolver a joia para sua dona original.

Este é o início da história de Moana – Um Mar de Aventura, animação de 2016 produzida pela Disney. No Devocional de hoje, vamos abordar uma característica do Chefe Tui com relação à sua filha, que aflige ainda hoje e no mundo real, muitas pessoas.

Uma tragédia em sua juventude fez com que ele não quisesse que sua filha cumprisse seu destino, por receio que o mesmo fim de seu melhor amigo atingisse Moana. O fato dele ser o chefe de uma ilha ilustra bastante o isolamento que alguém que se prende ao que já foi passa a viver. O medo do passado se repetir no presente faz com que nos tornemos ilhas, cercadas pela insegurança que nos impede avançar em nossa jornada.

No texto base de hoje, o profeta Isaías, cerca de 700 anos antes de Cristo, já apontava para o cumprimento pleno e total do plano de Deus com a Encarnação de Jesus e seu Ministério terreno.

Existe uma promessa para sua vida! Esqueça do que já passou! Caminhe em direção ao propósito de Deus para sua vida! Não permita que seu passado te impeça de seguir em frente!

É tempo de sermos ousados em nossa geração! Nossas escolhas a este respeito nos levarão a dois lugares distintos. Podemos permanecer no barco seguros, assistindo o milagre acontecer na vida de outra pessoa, como os discípulos observando Pedro caminhando sobre as águas. A segunda maneira é descer do barco e ser o primeiro ser humano a quebrar várias leis da física, mesmo que por poucos instantes.

Não permita que o passado o impeça de viver a plenitude das experiências que você terá com Deus! Grandes coisas estão por vir através de sua vida nesta geração!

DESAFIO RADICAL 31

- [ ] Leia Isaías 43 **[20 Pontos]**

- [ ] Você já viveu algo em sua vida que te deixou com medo do futuro? Pergunte a seus pais se existe algo que aconteceu em sua vida quando você era pequeno ou pequena que os deixou com medo do que poderia acontecer. Por exemplo, uma dor de ouvido por terem deixado você na piscina por muito tempo, ou ainda uma queda que machucou bastante por estar correndo. Converse sobre a importância de não vincularmos algo que tenha acontecido antes com o que pode acontecer depois. Cada etapa de nossas vidas está guardada pelo nosso Deus, e é Ele quem determina o que deve acontecer conosco. Escreva tudo o que disserem em seu caderno, sublinhando as respostas mais importantes que surgirem! **[30 Pontos]**

- [ ] Tempo de Oração: Separe um tempo especial de oração sobre seu futuro. Entregue-o nas mãos de Deus, pedindo a Ele que o direcione para o centro de Sua Vontade Santa, Perfeita e Agradável. **[20 Pontos]**

- [ ] Diário de um Desafio 32: No vídeo de hoje, explique como o passado pode influenciar o nosso futuro! Use os exemplos do Devocional de Moana para ilustrar como o medo do chefe Tui poderia condenar toda a sua ilha de ser salva por Moana. Peça para aqueles que assistirem ao seu vídeo deixarem comentários sobre as experiências pessoais que tiveram e que gostariam de compartilhar com você! **[30 Pontos]**

Pontuação Total do Desafio Radical 32:

DIA 32
HOTEL TRANSILVÂNIA

De fato, embora a esta altura já devessem ser mestres, vocês precisam de alguém que lhes ensine novamente os princípios elementares da palavra de Deus. Estão precisando de leite, e não de alimento sólido! Hebreus 5:12

Conde Drácula criou um refúgio para monstros chamado Hotel Transilvânia. Neste resort cinco estrelas, os monstros mais famosos do mundo se refugiam para ficarem protegidos dos humanos que os perseguem com crueldade. Nele encontramos personagens icônicos da literatura e do cinema, como o casal Frankenstein e Eunice, a Múmia Murray, Wayne e Wanda Lobisomem, além do Homem Invisível, Pé-grande, Abominável Homem das Neves e muitos outros. Todos chegam para a festa de aniversário de 118 anos de Mavis, filha de Drácula, que ao invés de uma festa, deseja conhecer o mundo. Insatisfeito com a escolha de sua filha, arma uma verdadeira farsa ao redor do hotel para demonstrar a ela que os humanos odeiam os monstros e que o único lugar seguro é perto dele.

Enquanto isso, um humano desavisado chamado Jonathan se perde na floresta e chega ao hotel, para desespero de Drácula, que tenta escondê-lo disfarçando-o de monstro. Sua animação e alegria fascinam a todos no Hotel, especialmente Mavis, que se apaixona por ele. Mais uma vez, tentando proteger sua filha do relacionamento com um humano, Drácula expulsa Jonathan para que ele permaneça longe de sua família.

Mavis fica muito triste com o sumiço do jovem que faz com que o Conde se arrependa do que fez e parta com um grupo de monstros para trazê-lo de volta, mesmo sabendo que pode acabar ferido ao caminhar em plena luz do dia. Drácula compreende que não pode proteger sua filha para sempre e aceita o relacionamento, além de confiar que sua criação faça com que ela consiga se defender diante de um mundo que não a compreende.

Hotel Transilvânia é uma animação de 2012, produzida pela Sony Pictures Animation, contando até o momento com 04 filmes e uma série de TV.

A história de hoje pode nos ajudar a compreender uma realidade muito presente em nossos dias: a superproteção dos pais, que gera como consequência, a imaturidade em muitos jovens. Não vamos falar sobre o papel dos pais, pois não temos espaço suficiente para isso. Por isso, vamos conversar um pouco sobre a segunda variável nesta equação: os filhos! Quando somos crianças, é natural e até recomendado que nossos pais supram nossas necessidades. Porém, a partir de uma determinada idade, a manutenção deste padrão traz muitos problemas, mesmo que, aparentemente, seja muito cômodo e agradável ter alguém fazendo aquilo que nós mesmos poderíamos fazer.

Conheço muitos adolescentes que não arrumam nem a própria cama, mas querem transformar o mundo com seus ideais. Outros querem ser missionários em outras nações, mas não são capazes de lavar a louça para seus pais. Quando vejo isso acontecendo, tenho a certeza de que algo está muito errado em nossa sociedade.

Se você já tem a idade e a capacidade para ajudar seus pais, você não apenas pode, mas deve participar cada vez mais das atividades do lar, desafogando seus pais e amadurecendo para novas responsabilidades em sua vida pessoal e ministerial. É muito ocupado porque estuda e trabalha? Quais as contas da família você paga? Não tem dinheiro, mas muito tempo livre? Quais as obrigações de rotina de sua casa que você pode assumir no lugar de seus pais?

É tempo de romper com o comodismo, para que, a partir da fidelidade nas pequenas coisas, você possa ser colocado sobre as grandes tarefas e missões que Deus tem para sua vida!

DESAFIO RADICAL 32

■ Leia Hebreus 5. **[20 Pontos]**

■ Talvez o Devocional mais prático de todos os que trouxemos até aqui. Por isso, é natural que o nosso desafio radical também seja muito prático. Dentro de sua realidade (de idade e de tempo disponível), vamos traçar um plano para que você possa ajudar mais sua família. Caso você esteja trabalhando, mesmo que seus pais não queiram, escolha uma das contas de casa (água, luz, telefonia, gás ou outra qualquer, dentro de seu orçamento) e seja o responsável pelo seu pagamento. Não se esqueça de que o valor não é importante, mas o gesto e o simbolismo que ele representa. Agora, caso sua idade ainda não permita que você contribua com dinheiro, vamos começar arrumando nossa própria bagunça. Você arruma sua cama? Você lava a sua louça? Você cuida do seu quarto? Essas são suas obrigações, e seus pais não precisam ter que fazer isso por você. Assuma imediatamente essas áreas de sua vida para aliviar seus pais. Além disso, converse com eles para que mostrem algumas tarefas familiares que sejam adequadas para sua idade e que você possa desenvolver com segurança. Bem-vindos à jornada em busca do amadurecimento! **[50 Pontos]**

■ Caso você já faça algumas coisas em sua casa, chame seus pais e pergunte sobre mais alguma área de tarefas e atividades que você possa ajudar. Ser um filho ou filha exemplar tem muito valor! Por isso, a pontuação de hoje aumentou! **[30 Pontos]**

■ Diário de um Desafio 31: No vídeo de hoje, encoraje todos aqueles que assistirem ao seu vídeo a também assumirem tarefas de casa para ajudar em sua execução. Desta forma, você não está apenas ajudando nas tarefas de sua casa, mas propagando uma mensagem de que os jovens podem e DEVEM ser úteis primeiro em sua própria família, para depois pensar em cidades e nações! **[20 Pontos]**

Total do Desafio Radical 31:

DIA 33
UMA AVENTURA LEGO

Cresçam, porém, na graça e no conhecimento de nosso Senhor e Salvador Jesus Cristo. A ele seja a glória, agora e para sempre! Amém. 2 Pedro 3:18

Em um mundo inteiro feito de Lego, Emmet Brickowski é uma figura extremamente comum, levando uma vida simples até que, por acidente, encontra a lendária "Peça de Resistência". Ela é a única relíquia capaz de neutralizar a arma mais poderosa de todo esse Universo: a Gluca! Dessa forma, Emmet se torna admirado como um verdadeiro Salvador de Blocópolis, especialmente pelos mestres construtores, que são personagens especiais de Lego, como Batman, Vitruvius, Gandalf, Superman, entre muitos outros.

Todos eles lutam contra o governo tirânico do Presidente Negócios, que deseja colar todas as peças em definitivo, anulando qualquer tentativa de criatividade para montar o brinquedo além do que o manual ordena.

O grande problema é que Emmet não se sente um mestre construtor como seus novos amigos, muito menos um Salvador de todo esse mundo, pois ele é um herói em construção, assim como todos nós! Conforme a história se desenrola, ele vai aprendendo mais sobre o tamanho desse mundo, tão diferente do seu. Emmet descobre que a história do Salvador não passa de uma lenda e que o verdadeiro poder está dentro de cada um de nós.

Ao compreender essa realidade, ele deixa de se comparar aos demais mestres construtores e, com isso, adquire uma capacidade inigualável para construir itens, incluindo um gigantesco robô para enfrentar o Presidente Negócios, cumprindo assim a profecia do Escolhido e ganhando a admiração dos demais. Após a batalha final, eles são capazes de descolar todos os cidadãos que haviam sido colados pela gluca, e a vida volta ao normal em Blocópolis. O pano de fundo para essa história é a relação entre um pai, que é apaixonado por LEGO e por isso construiu um verdadeiro museu do brinquedo em seu porão, e seu filho criativo e curioso, que quer ousar e misturar as peças para criar suas próprias histórias. Mais uma vez, estamos diante de um conflito geracional!

Essa é apenas uma pequena parte da história de "Uma Aventura Lego", animação de 2014 produzida e distribuída pela Warner.

Essa animação é uma analogia perfeita para nossas vidas, independentemente do momento em que nos encontramos, pois todos estamos em construção! O Emmet do início do filme, que não questionava sua realidade e cantava o tempo todo "Tudo é Incrível", não é o mesmo mestre construtor do final da história. Da mesma forma, nós não somos mais as pessoas que fomos no passado, pois estamos em constante mudança, seja para melhor, seja para pior. O texto base de hoje foi escrito por alguém que mudou drasticamente a partir de um momento central de sua vida. Pedro foi um dos principais líderes da igreja primitiva, junto com Paulo, Tiago, João e outros. Antes de se tornar esse líder respeitado, ele foi um dos doze discípulos que caminharam com Jesus em seu ministério terreno.

O mesmo Pedro que havia caminhado sobre as águas com Jesus (Mateus 14:29) foi aquele que negou a Cristo três vezes durante Seu julgamento (Mateus 26:75). Anos mais tarde, o líder da igreja Pedro, sabendo que em breve morreria, escreveu uma carta para um grupo de igrejas na Ásia Menor, que, entre outros assuntos, trata de crescimento espiritual! Deus usará nossas experiências, boas e muitas vezes ruins também, para que, depois de superadas, possamos ter autoridade para ajudar outras pessoas que estejam passando pelos mesmos problemas que enfrentamos!

Todos mudaremos, quer queiramos ou não. Decida mudar para se parecer cada dia mais com Cristo!

DESAFIO RADICAL 33

☐ Leia 2 Pedro 3 **[20 Pontos]**

☐ A percepção de que estamos em construção não é simples de reconhecer, pois estamos muito ocupados... vivendo! Por isso, no desafio de hoje, você vai escrever uma carta para você mesmo... no futuro! Escreva uma carta ou grave um vídeo para que você possa ler ou assistir daqui a cinco anos! Fale sobre como você está hoje e quais são seus objetivos para este encontro. Diga tudo o que você espera que seu "eu" do futuro venha a alcançar neste tempo. Não se esqueça de dar conselhos e alertas sobre o que ele não deve fazer. Escolha um dos versículos que usamos até aqui para que seja um texto-chave para você no futuro. Se tiver escrito, guarde em um envelope que tenha um lacre (você encontra facilmente em papelarias) e entregue para seus pais pedindo para que te entreguem em cinco anos. Quando você abrir e ler o que escreveu, conte sua experiência e nos marque em suas redes sociais. **[50 Pontos]**

☐ **Desafio bônus**! Escreva cartas para seus pais ou responsáveis também! Mas diferente da sua que será aberta no futuro, estas serão entregues para que leiam agora mesmo. Diga o quão importante eles são para sua vida e tudo o que você deseja que aconteça a eles. Se por ventura, o seu relacionamento não for o melhor possível hoje, este desafio pode ser uma porta para que vocês possam resolver seus problemas! **[30 Pontos]**

☐ Diário de um Desafio 34: No vídeo de hoje, vamos conversar sobre a experiência de escrever esta cápsula do tempo. Como foi escrever para você mesmo? Quais reflexões fez neste desafio? Recomende para seus seguidores fazerem o mesmo e contarem nos comentários como foi esta experiência! **[30 Pontos]**

Pontuação Total do Desafio Radical 34:

DIA 34
DETONA RALPH

"Não darás falso testemunho contra o teu próximo. Êxodo 20:16

Vanellope von Schweetz vive no jogo Corrida Doce, que, como o próprio nome sugere, é uma corrida em um mundo de... doces! Ela tem o sonho de participar das corridas, mas é rejeitada por todos os habitantes do jogo, pois ela tilta (a palavra "tiltar" vem de tempos e épocas antigas em que jogávamos fliperama e significava que o jogo travou e parou de funcionar). Todos acreditam que, se Vanellope participar de uma corrida oficial, os jogadores humanos não gostarão de seu bug, colocando todo o jogo de doces em risco.

Entretanto, isso é uma grande fake news contada pelo Rei Doce, cujo nome verdadeiro é Turbo, personagem de um jogo antigo que enlouqueceu quando foi substituído por um mais novo. Ele tentou atrapalhar os jogadores do novo jogo, fazendo com que ambos fossem desligados para sempre.

Vanellope é na verdade, a rainha da Corrida Doce! Por isso Turbo manipulou a memória de todos os personagens para que não se lembrassem da verdade. Essa mentira marcou a vida da jovem personagem com rejeição e sofrimento, afastando-a de seu propósito.

Com a ajuda de seu novo amigo, Ralph, do jogo Conserta Felix Junior, ela conseguirá derrotar Turbo e assumir seu lugar como verdadeira líder da Corrida Doce, amada por todos os pilotos do jogo.

Quero aproveitar parte da história de Detona Ralph, filme de 2012, para conversar com você sobre a mentira que destruiu a reputação de nossa personagem de hoje: as Fake News!

As sucessivas revoluções tecnológicas dos últimos anos resultaram na geração mais informada de toda a História da Humanidade, mas, ao mesmo tempo, muitos não sabem em que informação podem confiar. Na dúvida, muitos compartilham sem checar o que estão compartilhando, sendo vetores e propagadores de mentiras nas mais diversas áreas da sociedade.

Você pode pensar por um momento: *"Mas Eduardo, todo mundo compartilha mensagens de amigos ou pessoas em quem confiam, ninguém compartilha Fake News porque quer, ou de propósito!"*

O mundo muda, a sociedade se transforma, os pecados mudam de roupagem, mas ainda continuam sendo o que sempre foram: pecado!

Fake News é um nome bonito e atual para MENTIRA! Quem compartilha uma informação falsa que recebeu, está mentindo, e quem mente, sinto muito, é mentiroso!

Muitas reputações têm sido destruídas nos últimos anos por causa de Fake News e, pior ainda, pessoas morreram por acreditarem nelas durante a Pandemia da Covid-19. O assunto é sério e precisa ser levado a sério por toda a sociedade, especialmente pelos cristãos.

A primeira Fake News da História foi contada pela Serpente a Eva, no Jardim do Éden (Gênesis 3:4). Quer mais um motivo para não fazer parte de correntes mentirosas no WhatsApp ou Telegram? Um dos Dez Mandamentos fala exatamente sobre este assunto, como você pode comprovar no texto base de hoje. Espero ter dado a você a exata dimensão deste problema para que você faça parte de nosso exército contra as Fake News.

Comece com você. Toda informação recebida em "Grupos de Zap" de cunho duvidoso, vídeos com acusações sobre pessoas que você receber, antes de clicar em compartilhar, pesquise a informação que recebeu no Google. É bem provável que você encontre diversos sites e agências que já checaram a informação e vão te dizer com certeza se é Fake News ou não.

Pronto! Em poucos segundos, você fez a sua parte para que a verdade prevaleça em nossa sociedade! Compartilhe o link que atesta que a informação é falsa no grupo que a enviou para que outras pessoas possam fazer parte dessa corrente!

A verdade prevalecerá... se você nos ajudar!

DESAFIO RADICAL 34

☐ Leia Êxodo 20 **[20 Pontos]**

☐ O tema do Devocional de hoje é muito importante! Por isso precisamos colocar a mão na massa e travar uma verdadeira cruzada contra as Fake News em nossa geração! O primeiro ponto é você não cair em correntes falsas de Internet. Observe atentamente mensagens de grupos de WhatsApp ou outros aplicativos. Se ela for genérica como por exemplo: "Estudos apontam", "Autoridades disseram", "Estudiosos americanos", sem apontar quais estudos, quais autoridades ou quem são os estudiosos, desconfie imediatamente. Fake News não apresentam data, por isso, você não vai encontrar que a informação descrita no texto aconteceu no dia 10 de março de 2023, por exemplo. Isso acontece para que elas sejam atemporais. Não por acaso, notícias falsas antigas voltam a ser compartilhadas rotineiramente anos depois de serem lançadas. Digite no Google: como identificar Fake News e anote pelo menos três maneiras de se proteger deste mal de nosso século. **[30 Pontos]**

☐ Converse com seus pais ou responsáveis, e avós sobre o resultado de sua pesquisa contra as Fake News. Apresente as dicas que você anotou no item anterior e peça para que todos possam checar as informações antes de compartilhar. Juntos podemos vencer a guerra contra a Desinformação. **[30 Pontos]**

☐ Diário de um Desafio 33: Você já deve imaginar qual é o tema do vídeo de hoje! Conte para seus seguidores o que você descobriu sobre as Fake News e porque é importante combatermos este mal! Sozinhos não conseguiremos muito resultado, mas através da conscientização de cada pessoa, podemos vencer esta guerra! Você faz parte disso! **[20 Pontos]**

Pontuação Total do Desafio Radical 33:

DIA 35
TÁ CHOVENDO HAMBÚRGUER

Não esqueçam a aliança que fiz com vocês e não adorem a outros deuses.
2 Reis 17:38

Flint Lockwood é um inventor nato desde a tenra infância. Ele criou um "Sapato Spray", mas não pensou em como iria retirá-los, tornando-se chacota entre seus colegas. Muito triste, recebe de sua mãe um Jaleco de Cientista para que continuasse perseverando em seu sonho, o que resultará em muitas invenções desastrosas, como os "ratássaros" ou o tradutor de fala para seu macaco, Steve.

Com a morte de sua mãe e a falta de compreensão de seu pai, um exímio pescador que possui uma loja de sardinhas e quer que seu filho trabalhe com ele, Flint acaba tendo como sua maior referência o cientista midiático Chester V. Tentando ganhar o reconhecimento de sua cidade, Boca da Maré, uma pequena cidade litorânea que vive da pesca e da venda de sardinha, ele cria sua maior invenção, a FLDSMDFR (abreviatura para Flint Lockwood Diatônico Super Mutante Dinâmico Fazedor de Rango). Por algum tempo, ele se tornará uma celebridade, até que sua invenção saia do controle e crie uma gigantesca tempestade de comida, que literalmente vai destruir toda a vila. Com a máquina desligada, aparentemente pelo menos, as coisas voltam ao normal.

Os moradores serão enviados para outros locais para que a limpeza da comida possa ser feita pelas equipes de Chester V. Ele convida Flint para trabalhar na Live Corp como inventor. Confiando cegamente em seu ídolo, ele não percebe os planos maléficos deste interesseiro que apenas queria se aproveitar do jovem Flint para lucrar em cima dos "comidanimais", uma evolução da máquina de Flint que começa a dar vida para as comidas da ilha como as "Queijaranhas", "Camarãozés", "Tacodilos" entre outros. Nosso protagonista precisa escolher entre seguir sua grande referência ou confiar em seus amigos de infância para tomar uma importante decisão que vai impactar não apenas os moradores de Boca da Maré, mas toda uma nova fauna de "comidanimais" que surge a partir de sua invenção.

Esta é a história muito resumida de "Tá Chovendo Hambúrguer 1 e 2", animações da Sony Pictures de 2009 e 2013. Quero aproveitar a veneração cega de Flint pelo cientista picareta Chester V para conversar com você sobre um dos principais problemas do povo de Israel no Antigo Testamento: a idolatria. Os séculos passaram, mas o problema persiste, agora com uma nova roupagem, que pode nos enganar. Ninguém se ajoelha ou se curva diante de imagens feitas por mãos humanas, mas muitos possuem "ídolos" feitos de carne e osso, seguindo pessoas, com defeitos e fraquezas, sem questionar o conteúdo de suas falas. Hoje, infelizmente, muitos medem a importância das pessoas pelo número de seguidores que elas possuem em Redes Sociais, ao invés de buscar outros elementos que atestem a maturidade ou o equilíbrio no agir e no falar.

O culto à personalidade é uma das principais formas de idolatria de nossos dias, e vemos sua presença ocorrendo em diversas áreas da sociedade. Na própria comunidade de fé, com líderes midiáticos que desejam usurpar o lugar de Cristo como centro da Igreja, a partir do que pregam e do que fazem. Mas esta idolatria ultrapassa as fronteiras do cristianismo e alcança outras áreas como a política, artes, entre outras. Em um mundo cada vez mais secularizado, em que Jesus está cada vez mais distante, a impressão que temos é que as pessoas precisam de Messias particulares para depositar sua fé e esperança. Porém, atribuir a qualquer outra pessoa aquilo que pertence apenas a Deus, fatalmente acabará em decepção e frustração.

Adore apenas ao Deus Eterno e Imortal e deposite Nele suas expectativas, com a certeza de que não será decepcionado ao fazê-lo!

DESAFIO RADICAL 35

☐ Leia 2 Reis 17. **[20 Pontos]**

☐ Convide um amigo para fazer o Devocional de hoje com você. Depois conversem sobre como é possível, na opinião de vocês, manter o coração afastado da Idolatria a outros deuses, pessoas, personalidades, bens, dinheiro, etc. Anotem suas respostas! **[30 Pontos]**

☐ Anote em seu caderno o que ser objeto de idolatria em nossos dias. Pense um pouco ou pesquise na Internet e escolha pelo menos 05 objetos de culto da sociedade pós-moderna. **[30 Pontos]**

☐ Diário de um Desafio 36: No vídeo de hoje, alerte seus seguidores sobre os perigos que a idolatria causou, tanto para o povo de Israel, quanto para a Igreja de Cristo em nossos dias! **[20 Pontos]**

Total do Desafio Radical 36:

DIA 36
CARROS

Quem é sábio e tem entendimento entre vocês? Que o demonstre por seu bom procedimento, mediante obras praticadas com a humildade que provém da sabedoria. Tiago 3:13

A Copa Pistão é o principal campeonato de velocidade em um mundo composto apenas por carros. Durante a final do torneio, os três principais competidores acabam empatando na corrida final. Esse fato raro e bastante improvável faz com que uma nova corrida seja marcada para acontecer dentro de uma semana. Relâmpago McQueen é o novato que está nesta competição, mas durante o transporte para o local da nova corrida, acaba perdido na pequena cidade de Radiator Springs.

Uma cidade que no passado foi um grande polo turístico da famosa Rota 66, hoje definha em decadência e isolamento. Com toda a arrogância de um astro, Relâmpago despreza o local e seus moradores, desejando sair o mais rápido possível do local. Porém, aos poucos, ele começa a se conectar com a cidade, com os amigos que acaba fazendo, como Tom Mate e Sally Carrera. Este "pit stop" em Radiator mudará sua vida para sempre, pois abrirá mão da vitória na final para ajudar o veterano Rei, que sofre um grave acidente. Mesmo perdendo a corrida, Relâmpago ganhou a fama e admiração de todos pelo nobre gesto.

Determinado a ajudar seus amigos, ele muda sua base de treino para Radiator Springs, o que acaba atraindo muitos turistas, levando a cidade a florescer novamente. Essa é a história de Carros, animação de 2006 da Disney e Pixar.

A trajetória de Relâmpago McQueen pode nos ajudar a falar sobre um assunto muito importante, mas cada vez mais negligenciado: a humildade ou a falta dela em nossa sociedade. Um filme sobre carros de corrida competindo em uma final de torneio é uma analogia perfeita para a competição em que vivemos nestes dias. O arrogante carro do início do filme sentia falta de algo que na esquecida cidade havia de sobra: amizade! Ao perceber que era um solitário cercado de muitas pessoas, a percepção do protagonista muda radicalmente, procurando não apenas honrar seus habitantes, mas fazer a diferença trazendo os turistas para conhecerem Radiator Springs.

Conforme o escritor T.S. Elliot afirma: "A única sabedoria que uma pessoa pode esperar adquirir é a sabedoria da humildade". O gesto de McQueen no final do filme, de abrir mão de sua vitória para ajudar o piloto Rei, revela a maturidade que ele acumulou ao longo desta experiência.

Arrogância, orgulho e soberba são três sentimentos atrelados com ignorância e falta de entendimento de nosso papel na sociedade. Não temos o direito de desrespeitar outras pessoas, zombar delas, invejá-las e principalmente, achar que somos superiores a elas. A Palavra de Deus mostra de que lado devemos estar nesta equação:

"O orgulho do homem o humilha, mas o de espírito humilde obtém honra." Provérbios 29:23

Humildade não é sinônimo da palavra humilhar. Por isso, devemos buscar equilíbrio nesta questão, tratando todos com o respeito que merecem, em especial aquelas pessoas mais experientes que estão na jornada a mais tempo.

Em uma sociedade soberba, escolha a humildade, tendo em mente que você não será melhor do que ninguém por esta escolha, mas com certeza, ela te fará diferente de muitos ao seu redor!

A humildade é uma proteção poderosa para que nunca venhamos a estacionar em determinado lugar, acreditando que sabemos de tudo. A pessoa verdadeiramente humilde compreende seu lugar em relação ao mundo e entende que nunca será suficientemente sábia ou hábil em determinada área. Desta forma, manterá seu coração protegido do orgulho, ao mesmo tempo em que não permanece na Zona de Conforto em sua vida, sempre em movimento, sempre aprendendo!

DESAFIO RADICAL 36

☐ Leia Tiago 3. **[20 Pontos]**

☐ Pesquisa: Converse com seus pais ou responsáveis e mais três amigos sobre o que é humildade para eles. Escreva o que eles falarem e veja se as respostas são parecidas ou muito diferentes. Agora faça uma pesquisa na Internet procurando conceitos de humildade. Para concluir, depois do que leu no devocional e das respostas que encontrou, escreva a sua própria versão para humildade. **[30 Pontos]**

☐ Pense em alguém que você veja como uma pessoa humilde. Pode ser um conhecido, ou alguém que você simplesmente admire. Quais são os traços de sua personalidade que trazem esta imagem de humildade? Destaque pelo menos 03 características que você consegue perceber em pessoas humildes. Anote para tentar buscar essas mesmas características em sua vida! **[30 Pontos]**

☐ Diário de um Desafio 35: No vídeo de hoje, compartilhe tudo o que você aprendeu a respeito de humildade! Seja no devocional sobre Carros, seja na conversa com seus pais, seja nas respostas de seus amigos! É muito importante que você diga as características de uma pessoa humilde, para que esta conversa seja menos filosófica e mais prática! Encoraje aqueles que assistirem seu vídeo a comentarem sobre as características da pessoa humilde que ficaram faltando em sua lista! **[20 Pontos]**

Total do Desafio Radical 35:

DIA 37
MEU MALVADO FAVORITO

Deus faz que o solitário viva em família; liberta aqueles que estão presos em grilhões; mas os rebeldes habitam em terra seca. Salmos 68:6 (ACF)

Gru é um vilão com «V» maiúsculo, alguém com uma grande inclinação para o mal e que deseja ser o maior vilão do mundo. Este objetivo é ofuscado quando alguém rouba uma das pirâmides do Egito. Para tentar tomar de volta a dianteira do mundo do crime, ele tem uma grande ideia: roubar a própria Lua! Para isso, Gru precisa de um empréstimo no banco dos vilões, para poder construir o foguete, além de um raio encolhedor que foi roubado dele. O empréstimo é negado, e ele precisa de um plano alternativo para levar seu objetivo adiante.

O ladrão de seu raio encolhedor é outro vilão chamado Vector, que mora em uma verdadeira fortaleza impenetrável. Para conseguir acessar o local, ele pensa em um plano infalível: usar crianças para apelar ao lado emocional de seu rival. Gru então vai até o orfanato da cidade e encontra três irmãs: Margo, Edith e Agnes, que servirão perfeitamente para seu objetivo mesquinho e egoísta, como todo bom vilão deve ter.

O elemento surpresa desta história é que as meninas, em suas peculiaridades, mudariam o malvado chefe dos Minions, transformando o implacável Gru de um brilhante vilão em um amoroso pai das três meninas, fazendo tudo o que estiver ao seu alcance para mantê-las seguras.

Esta é a história de "Meu Malvado Favorito", animação produzida pela Illumination Studios em 2010. Quero aproveitar o Devocional de hoje para conversar com você a respeito de um elemento muito importante para nossas vidas: a mutualidade, ou seja, ao mesmo tempo em que você precisa de mim, eu também preciso de você!

A vida cristã flui necessariamente em dois sentidos principais: ao mesmo tempo em que doamos nossas vidas em prol de uma causa, somos transformados por ela através de outras pessoas que o Senhor coloca em nosso caminho. Em nosso caso, Gru tenta em um primeiro momento usar as meninas em seu propósito, mas em pouco tempo, ele adota o perfil paterno com as irmãs.

No texto base de hoje, o salmista aponta para a necessidade da comunhão, seja entre famílias, seja entre irmãos e irmãs em Cristo. Uma vez que façamos parte da família de Deus, podemos tomar posse das vitórias que estão descritas na Palavra para nossas vidas!

Gru tinha um instinto paterno incutido há muito tempo, o que o levou a acolher os Minions e cuidar deles. As irmãs já haviam tido diversas experiências frustradas antes, até que encontram sua família no local mais improvável. Como membros do Corpo de Cristo, não devemos mais caminhar sozinhos. A vida em família pressupõe coletividade, portanto, não existe espaço para o individualismo na Igreja.

Não deveria existir nenhum tipo de estrelismo, pois estamos todos caminhando em direção ao mesmo propósito. Por isso, este caminho de mão dupla precisa funcionar bem: ao mesmo tempo em que precisamos de alguém para prestarmos contas de nossas vidas, também precisamos estar disponíveis para ser esta pessoa na vida de outros.

No Cristianismo, não existe, ou pelo menos, não deveria existir espaço para a solidão. Por isso, devemos agradecer muito por termos uma família abençoada entre nossos irmãos em Cristo!

DESAFIO RADICAL 37

☐ Leia Salmo 68. **[20 Pontos]**

☐ Faça uma pesquisa sobre os conceitos de solidão e solitude. Escreva os resultados que encontrar em seu caderno. **[30 Pontos]**

☐ Você faz parte da família de Deus? Se você ainda não fez nenhuma oração pública, entregando sua vida a Jesus, poderá fazer isso neste exato momento! Repita comigo estas palavras:

"Senhor Jesus, eu entrego minha vida neste exato momento. Por isso, peço que anote meu nome no Livro da Vida. Que eu possa sentir a felicidade e a responsabilidade de fazer parte da família de Deus, ajudando os que chegarem, servindo a todos. Eu me arrependo de meus pecados e peço perdão por meus erros. Não permita, Deus, que eu venha a me afastar de Ti, e me mantenha ao seu lado enquanto eu viver! Em nome de Jesus, amém!"

Se esta foi a primeira vez que você fez esta oração, precisa procurar a igreja mais próxima de sua casa para visitar e começar a ser cuidado, cuidada por homens e mulheres de Deus que serão fundamentais em sua nova caminhada! **[100 Pontos Extras]**

☐ Diário de um Desafio 38: No vídeo de hoje, vamos falar da importância de sermos uma igreja que acolhe e ama. Fale sobre o exemplo do Devocional de hoje e como um homem solitário encontrou o amor e a alegria que faltava em sua vida. Comente sobre a diferença entre solidão e solitude e como é importante convivermos bem em nossa família espiritual! **[20 Pontos]**

Total do Desafio Radical 38: ☐

DIA 38
FUGA DAS GALINHAS

Tenham cuidado com a maneira como vocês vivem; que não sejam como insensatos, mas como sábios, aproveitando ao máximo cada oportunidade, porque os dias são maus. Efésios 5:15,16

O casal Tweedy é dono de uma fazenda de galinhas na década de 50. O galinheiro é retratado como um campo de concentração da Segunda Guerra Mundial. A líder desse lugar é Ginger, que já tentou escapar várias vezes, mas sempre foi recapturada pelo Sr. Tweedy e seus cães. Ela sente que algo sinistro está prestes a acontecer, o que a deixa ainda mais desesperada para fugir do galinheiro. Os sinais de que ela está certa aparecem quando uma das galinhas, chamada Edwina, não bota o número de ovos da cota semanal e acaba sendo destinada à mesa como prato principal do jantar.

Ao analisar as estatísticas de produção de ovos e perceber que o volume total está caindo significativamente, o casal decide tentar uma nova estratégia para impulsionar os negócios. Eles compram uma grande máquina automática para produzir torta de frango! Com o tempo correndo contra as galinhas, elas decidem construir um avião para escaparem todas juntas.

Ginger é escolhida como cobaia para testar a máquina, mas consegue sabotá-la para ganhar mais tempo para a fuga. A batalha final causa a destruição de todo o galinheiro, permitindo o voo para a liberdade das galinhas, que agora podem viver em seu santuário, longe da fazenda e do campo de concentração.

"Fuga das Galinhas" é uma animação produzida pela parceria entre os estúdios Aardman e Dreamworks Animation, lançada em 2000. Feita com a técnica de Stop Motion (lembram desta técnica em nosso texto sobre Pinóquio?), foi o projeto desse tipo com a maior bilheteria da história e, até o momento em que lançamos este livro, em 2023, ainda não foi superado por outra produção. Vale lembrar que Pinóquio foi produzido para a plataforma de streaming Netflix e, por isso, não possui bilheteria.

Estamos chegando ao fim do nosso tempo juntos, e quando percebo que os textos estão acabando e ainda tenho tantos assuntos para tratar, um senso de urgência toma conta de mim. Não sei se você vai continuar lendo os outros livros que já lançamos ou aqueles que lançaremos no futuro, por isso, preciso alertá-lo dentro do espaço dos 40 Dias desta obra!

O tema de hoje é procrastinação. As galinhas tinham um tempo determinado para fugir do galinheiro, e caso resolvessem adiar sua fuga, não teriam um futuro, pois todas se tornariam tortas de frango.

Procrastinar é deixar algo que podemos fazer agora para depois. Podemos procrastinar trabalhos da escola ou da faculdade, ou a nossa própria salvação. Achar que, por sermos jovens demais, ainda temos muito tempo para viver e, por isso, podemos deixar para levar uma vida com Deus a sério no futuro, é uma maneira arriscada de viver.

Infelizmente, não temos controle sobre nossas vidas e não sabemos quanto tempo teremos na terra para cumprir nosso chamado e propósito. Por essa razão, precisamos parar de adiar o encontro com nosso destino em Deus e começar hoje a viver Seus planos em nossa geração!

Paulo diz aos cristãos de Éfeso, no texto base de hoje, que cada oportunidade conta e deve ser aproveitada com sabedoria. Portanto, tome cuidado com o tempo perdido com coisas que não edificam sua vida. Não estamos em um galinheiro fugindo de uma máquina de fazer tortas... estamos correndo do inferno, tentando escapar de um mundo que busca em todo o tempo nos aprisionar!

Então, não desperdice sua juventude com coisas passageiras... invista seu bem mais precioso, ou seja, seu tempo, no que é eterno! Essa é a melhor escolha que você pode fazer!

DESAFIO RADICAL 38

☐ Leitura de Efésios 5 **[20 Pontos]**

☐ Vamos falar sobre um assunto polêmico no Devocional de hoje! Você já procrastinou algo na vida? Acho que, em algum momento, todos nós fizemos isso. Sabia que estudos recentes apontam que 95% da população procrastina eventualmente? E tem ainda 15 a 25% das pessoas que são procrastinadoras crônicas, e 33% a 50% dos estudantes também. Vamos analisar nosso comportamento e tentar resolver isso em nossas vidas. Anote todos os compromissos que você tem ao longo da semana a partir de hoje. Deixe algumas linhas entre cada um deles. Agora, pense em como podemos resolver cada item rapidamente. Anote todas as dificuldades que podem surgir. Continuaremos essa tarefa no próximo item. **[30 Pontos]**

☐ Agora vamos fazer algo que os especialistas sugerem para resolver esse problema. Faça uma escala de urgência em seus compromissos. Seja criativo, use canetas marca texto coloridas, letras ou números para distinguir. Defina quais tarefas são:

Emergência: Cor vermelha – Tudo aquilo que já expirou o prazo de entrega ou execução. Precisa ser feito imediatamente.

Muito urgente: Cor Laranja – Aquelas tarefas na iminência de expirar o prazo. Precisam ser feitas imediatamente.

Urgente: Cor Amarelo – Tem alguns dias para executar, então programe para a sequência das anteriores.

Não urgente: Cor Verde – Programe essas tarefas para realizar o quanto antes para que elas não mudem de nível e venham a desesperar você! **[30 Pontos]**

☐ Diário de um Desafio 37: No vídeo de hoje, conte sobre o que aprendeu sobre procrastinação e como foi fazer os exercícios de hoje! Pergunte aos seus seguidores como eles lidam com esse assunto! **[20 Pontos]**

Pontuação Total do Desafio Radical 37:

DIA 39
O LORAX

Não se deixem enganar: "as más companhias corrompem os bons costumes". 1 Coríntios 15:33

Ted é um garoto que mora em Thneedville. Nesta cidade, não há nenhum resquício de natureza, pois todas as árvores foram derrubadas em um passado distante. Como a cidade toda é preenchida com vegetação artificial, o ar se tornou insuportável, e isso fez com que as empresas de Aloysius O'Hare literalmente vendessem o ar que a população respira.

Ted quer impressionar Audrey, a garota por quem é apaixonado, e, por isso, decide sair da cidade em busca de Umavez-ildo, um homem misterioso que pode possuir a semente da última árvore capaz de mudar a realidade desta sociedade artificial.

Aos poucos, Umavez-ildo conta sua história a Ted, e assim conhecemos um jovem sonhador que inventou os "thneeds", um cachecol multiuso que, inicialmente, era motivo de chacota e zombaria. Por obra do acaso, a invenção acabou conquistando as pessoas e seu negócio se tornou um verdadeiro sucesso, mas sua família só estava interessada no dinheiro que ele poderia proporcionar.

Os "thneeds" dependiam da trúfula, uma árvore especial que fornecia a matéria-prima para a produção. Ele se muda para a floresta e conhece o Lorax, uma espécie de guardião dos animais e das plantas que pede a ele para retirar apenas o que necessita, sem causar danos ao meio ambiente. No entanto, para fazer isso, ele produziria muito pouco, e sua família o aconselha a desmatar tudo para ter mais matéria-prima e expandir seu negócio. Seu dilema é escolher entre ter um negócio sustentável ecologicamente, mas com renda limitada, ou destruir a natureza para obter lucros absurdos. Infelizmente, ele acaba escolhendo a segunda opção e, em pouco tempo, todas as árvores são derrubadas.

Ao perceber o que havia feito, ele se arrepende e se isola, guardando a última semente de trúfula, esperando que alguém de coração puro possa encontrá-la para mudar a história de Thneedville. Anos depois, ele confia no jovem Ted, que cumprirá a missão de plantar a semente e convencer a cidade a cuidar dela.

Essa é a história de "Lorax: em Busca da Trúfula Perdida", uma animação de 2012 baseada na famosa obra do escritor infantil norte-americano, Dr. Seuss.

A trajetória de Umavez-ildo pode nos ajudar a compreender como os conselhos podem nos influenciar, seja para o bem, seja para o mal. Os conselhos que nosso personagem de hoje seguiu levaram a uma verdadeira catástrofe que impactou toda uma geração que nasceu sem conhecer a natureza. Quando o desmatamento acabou, sua família o abandonou, mostrando que não se importavam com a pessoa do jovem empresário, mas apenas com o dinheiro que ele poderia prover.

É fundamental que tenhamos pessoas que possam nos aconselhar com a verdade que PRECISAMOS, não a que QUEREMOS ouvir. É preciso maturidade para não se deixar influenciar e ter a capacidade de fazer escolhas por si mesmo. Para se proteger, ouça o alerta do apóstolo Paulo no texto base de hoje e cuide de suas companhias.

Muitas vezes, tudo o que precisamos para cair é alguém nos encorajando a fazer aquilo que, lá no fundo, já sabemos que é errado...

Por isso, quando seus pais ou seus líderes disserem verdades indigestas, ao invés de ficar revoltado ou revoltada, agradeça a Deus por ter colocado em sua vida pessoas que realmente se importam com você!

Este é um privilégio que poucos podem ter em nossa geração!

DESAFIO RADICAL 39

☐ Leia 1 Co 15. **[20 Pontos]**

☐ Você consegue dar conselhos para seus amigos? Pense um pouco sobre esse assunto e anote o que você disse para um amigo da última vez que pediram sua ajuda. Se você não se lembrar, faça um exercício mental: imagine que um amigo diga a você que está enfrentando problemas para conversar com seus pais. Escreva o que você diria a esse amigo. **[30 Pontos]**

☐ Você tem amigos em quem pode confiar para conseguir bons conselhos? Pense um pouco sobre três pessoas que se enquadram nesse perfil. Talvez elas não saibam o quão importantes são para você, então, que tal externar essa questão a eles? Mande uma mensagem para esses amigos fiéis agradecendo **[30 Pontos]**

Diário de um Desafio 39: Em seu vídeo, fale sobre a importância de ouvir bons conselhos e ter pessoas especiais em sua vida que digam o que você precisa ouvir e não o que você quer ouvir. Encoraje seus seguidores a comentarem se já receberam maus conselhos e como lidaram com isso. **[20 Pontos]**

Total do Desafio Radical 39:

DIA 40
PRÍNCIPE DO EGITO

Moisés foi educado em toda a sabedoria dos egípcios e veio a ser poderoso em palavras e obras. Atos 7:22

A própria existência de Moisés foi um milagre. Nascido em uma época em que os líderes egípcios já não eram mais amigáveis aos hebreus, seu nascimento era uma verdadeira afronta. Havia uma ordem do faraó de que todos os meninos hebreus deveriam morrer. Seus pais o esconderam por três meses antes que sua mãe, Joquebede, o colocasse em um cesto, em pleno Rio Nilo, para que o menino fosse criado pela filha do Faraó. Desta forma, o hebreu Moisés se transformou no Príncipe do Egito.

Ele aprendeu toda a cultura e conhecimento dos egípcios em sua juventude, e foi este conhecimento que o preparou para os desafios que viveria no futuro, como libertador do povo hebreu, comissionado por Deus para esta missão.

Este é um resumo da história bíblica, que também é o enredo da animação: "O Príncipe do Egito", produzida em 1998 pela Disney, vencedora do Oscar de Melhor Canção Original e um estrondoso sucesso. A melhor maneira de encerrarmos nosso Devocional, com absoluta certeza, é com uma história bíblica!

Quero aproveitar os anos em que Moisés passou na corte egípcia para conversar com você sobre a importância de estudarmos e nos prepararmos para o futuro. Por muito tempo, os cristãos consideraram os estudos seculares como algo negativo, algo maléfico que prejudicaria a vida de quem resolvesse se aventurar pelos estudos.

Ainda hoje, ouvimos resquícios deste pensamento em vídeos de líderes que se levantam para dizer que os estudos "desviam" o jovem cristão de seu caminho. A grande questão que precisamos levar em conta é que a faculdade ou o ensino secular não têm a pretensão de nos ajudar com a nossa fé. Estamos ali para aprender e obter ferramentas que nos ajudarão em nossa vida adulta, a partir de uma profissão ou habilidade técnica.

Para ajudar você que está estudando a sobreviver aos anos de faculdade, você precisa conhecer uma palavra: APOLOGÉTICA, que traduzindo para o bom português significa defesa da fé.

Você precisa conhecer os fundamentos daquilo em que acredita para permanecer firme em Deus nos momentos em que for confrontado por outras filosofias ou religiões. O mais importante é ter a convicção de que sua fé é tão plausível quanto qualquer outra para a qual for apresentado ou apresentada ao longo do tempo em que passar na Universidade.

O simples fato de ter concluído esta jornada de 40 Dias pelo mundo das Animações é uma mostra de que você está no caminho certo para defender sua fé. Além deste livro, você pode investir nesta missão, seja através de outros livros (temos diversos devocionais da série 40 Dias, se este for o nosso primeiro encontro!), seja através de seu envolvimento com sua igreja local ou ainda em seu tempo a sós com Deus. A somatória de todos esses itens fará com que você esteja preparado ou preparada para esta etapa importante de sua vida.

Compreenda que, assim como o tempo de Moisés como príncipe do Egito foi fundamental para o propósito de sua vida anos mais tarde como o libertador de Israel, o curso que você escolher cursar será fundamental para os planos que Deus tem para você!

Quero parabenizar você por concluir estes 40 Dias. Minha oração é que você esteja hoje muito melhor do que quando iniciou este livro. Por mais que este seja o último texto, isto não é um adeus, mas eu espero que seja um até breve! Quero muito reencontrar você em um de nossos outros devocionais desta série, para que o seu treinamento não pare por aqui, mas continue crescendo!

Nossa geração precisa de você!

DESAFIO RADICAL 40

☐ Leia Atos 7. **[50 Pontos]**

☐ Diário de um Desafio 40: Encerre esta lista de vídeos contando para seus seguidores qual foi o maior ensinamento que você aprendeu com este devocional. Gostaríamos que você me marcasse no perfil de nosso projeto @parabolasgeek, seja no Youtube, Instagram, Facebook, Tiktok ou Twitter. Na rede que você escolheu para publicar seus vídeos, marque nossos perfis para que possamos saber o que chamou sua atenção. Continuamos publicando novos devocionais e sua opinião pode nos ajudar a melhorar cada vez mais. Se você gostaria de ver um devocional com um tema específico, deixe sua sugestão... quem sabe em breve você não encontra sua sugestão em uma livraria perto de você? **[50 Pontos]**

Obrigado por ter concluído os desafios radicais. Preparamos todos eles para que sua experiência com este Devocional fosse a melhor possível e pudesse aprimorar e aprofundar os conceitos e temas que trouxemos em cada texto. Agora que você terminou, não pare por aqui... continue estudando a Palavra, orando, servindo! Desta forma, você continua avançando para ser uma benção para esta geração!

Chefe 4

Nas esquinas sombrias do destino, ergue-se uma figura ameaçadora, o Vingador de Ferro. Encoberto por uma armadura de sombras, ele é a manifestação tangível do pecado da Inveja. Utilizando-se da telepatia, ele sonda os corações dos homens, revelando seus desejos mais sombrios e os voltando uns contra os outros. Em sua mão, um escudo impenetrável reflete não apenas ataques, mas também as falhas daqueles que o enfrentam.

No entanto, a armadura que parece intransponível guarda um segredo. Ela, que o protege, também esconde seus pontos de vulnerabilidade. Pode ser que, em sua constante busca por vingança, o Vingador tenha negligenciado a necessidade de olhar para si mesmo, tornando-se cego para suas próprias imperfeições.

Aqueles que se atrevem a desafiá-lo são guiados por palavras antigas e sábias:

Vingador de Ferro: o Titã da Vingança

Não diga: "Eu o farei pagar pelo mal que me fez!"
Espere pelo Senhor, e ele dará a vitória a você.
Provérbios 20:22.

Em vez de se entregar ao ciclo vicioso da vingança, os bravos devem agir com compaixão e paciência, buscando os pontos fracos na armadura do Vingador. Somente com a fé inabalável e a confiança no divino é que o poder corrosivo da inveja do Vingador pode ser superado, banindo-o de volta ao abismo do qual surgiu.

Pontos de XP: 3500

GUIA DO LÍDER

UM MANUAL PARA USO DO

40 DIAS NO MUNDO DAS ANIMAÇÕES

GRUPOS PEQUENOS
DISCIPULADO
CULTO FAMILIAR

DIA 01 — SHREK

1. Vamos falar um pouco sobre o seu convívio social. Você consegue perceber o papel crucial que as outras pessoas desempenham na sua vida? Se seus amigos pudessem descrever você sem reservas, que palavras você acha que eles usariam?
2. No início de Shrek, o personagem principal se propõe a ajudar os personagens fantásticos do reino, embora inicialmente motivado por razões egoístas. Quais são os fatores que te motivam a estender a mão e ajudar os outros em sua vida?
3. No texto, citamos: *"É através da interação com outras pessoas que aprendemos mais sobre nossas virtudes e falhas de caráter, o que pode nos levar a alterar nossos comportamentos"*. Você poderia compartilhar um exemplo de quando uma interação com alguém provocou uma mudança significativa na sua maneira de agir?
4. A aparência de Shrek e Fiona quebra com a imagem tradicional do belo príncipe e da linda princesa. Como você lida com questões de aparência e autoimagem? Você está satisfeito com a sua aparência? Se a resposta for não, gostaríamos de ouvir mais sobre isso para podermos orar por você. Se você estiver fazendo isso sozinho, sinta-se à vontade para compartilhar sua experiência no direct do nosso perfil @parabolasgeek para que possamos oferecer nossas orações por você!

DIA 02 — A VIAGEM DE CHIHIRO

1. Leia todo o capítulo de 1 Coríntios 13. Quais são os principais temas que Paulo aborda neste trecho da Bíblia?
2. Pensando em sua jornada espiritual ao longo do último ano, você sente que houve amadurecimento nesse período?
3. Se você respondeu SIM à pergunta anterior, compartilhe conosco o que você fez nesse intervalo de tempo que contribuiu para esse crescimento!
4. Se você respondeu NÃO na questão anterior, conte-nos o que você acha que poderia fazer para melhorar seu relacionamento com Deus no próximo ano!
5. Em "A Viagem de Chihiro", a personagem principal deve demonstrar coragem para escapar do mundo dos espíritos e libertar seus pais de um encanto. Como você vê a ideia de amadurecer para poder ajudar aos outros?

DIA 03 — PROCURANDO NEMO

1. Alguma vez você já sentiu que falhou em algo que tentou? O que aconteceu e como você lidou com a situação?
2. Considerando a reflexão de hoje, como você se sente sabendo que talvez não veja sempre o resultado do seu trabalho no Reino de Deus?
3. Você já encontrou um cristão "secreto", alguém que não expressa abertamente a sua fé? O que você diria para encorajá-lo a mudar esse comportamento?
4. No texto de hoje, destacamos a ideia de coletividade no cristianismo. Não podemos ser cristãos sozinhos, pois cada um de nós é apenas uma parte do Corpo de Cristo e nosso trabalho depende dos outros. Chamamos isso de interdependência. Nesse sentido, responda:
    4.1. Você gosta de trabalhar em equipe ou prefere fazer as coisas por conta própria?
    4.2. Se você participa de alguma atividade em sua igreja local, quais atitudes você poderia adotar para melhorar sua interação com outros irmãos e irmãs em Cristo? Como você poderia viver de maneira mais plena o ensinamento do versículo bíblico citado hoje em 1 Coríntios 3:6?

DIA 04 — OS INCRÍVEIS

1. Alguma vez você já sentiu que sua ida à igreja se tornou algo "rotineiro"? Sentiu que estava indo mais para agradar aos outros – como seus pais ou líderes – do que por um desejo pessoal de ir?
2. Em relação à pergunta anterior, se a resposta for sim, você consegue se lembrar de como estava sua vida nesse período? Pode identificar as razões para esse desânimo? Se a resposta for não, o que faz para manter o entusiasmo e o desejo de estar com seus irmãos e irmãs em Cristo?
3. Pesquise na Bíblia outras promessas de bênçãos para a sua vida às quais você possa se agarrar nos momentos difíceis. Escolha um versículo e compartilhe nas suas redes sociais usando a hashtag #40Diasnomundodasanimações.
4. Como você pode manter o desânimo longe da sua vida e encarar a jornada do cristianismo como uma grande aventura? O que você diria a alguém que acabou de aceitar Cristo na sua igreja local, por exemplo?
5. Agora que aprendeu uma lição valiosa sobre como viver o cristianismo, o que você diria a alguém que esteja enfrentando um momento difícil na vida?

DIA 05 — HAPPY FEET

1. Você já teve contato com outras denominações evangélicas além da sua? Você notou alguma diferença entre elas? Quais?
2. Quando pensa na sua própria denominação, você está familiarizado com suas principais doutrinas?
3. Como você reage quando encontra pessoas que têm crenças diferentes das suas?
4. Na sua visão, o que distingue uma denominação cristã genuína de uma seita pseudocristã?
5. O que você poderia fazer para entender melhor a sua denominação e a base de suas doutrinas?

DIA 06 - RATATOILLE

1. No devocional de hoje, percebemos que quando os personagens se unem, conseguem alcançar resultados maiores do que se estivessem sozinhos. Como você pode aplicar este conceito na sua igreja local?
2. A frase do chef Gusteau: "Qualquer um pode cozinhar", inspirou um rato a sonhar em se tornar um renomado chef. Como você pode inspirar outras pessoas a se juntarem ao Reino de Deus através do exemplo de sua vida?
3. A conhecida frase: "Sozinhos vamos mais rápido, mas juntos chegamos mais longe" se encaixa perfeitamente no devocional de hoje. Como, na sua opinião, pessoas com habilidades e talentos diferentes dos seus podem auxiliar na realização de seu propósito?
4. Você acha que podemos aplicar a ideia de sinergia ao nosso relacionamento com Jesus? Compartilhe seus pensamentos sobre isso.
5. Se você não está atualmente engajado na sua igreja local, o que está impedindo de desenvolver o seu chamado no Reino de Deus hoje? Aponte pelo menos três ações práticas que você pode começar a tomar agora para mudar essa realidade.

DIA 07 - WALL-E

1. O devocional de hoje abordou a conexão entre cristianismo e meio ambiente. Este é um assunto que você já tinha considerado antes?
2. Quais ações você tem tomado em casa para contribuir com a preservação do meio ambiente em sua comunidade?
3. Salmos 19:1 declara: "Os céus proclamam a glória de Deus, e o firmamento mostra a obra das suas mãos." Este versículo nos revela que a própria natureza testemunha sobre o Criador, o que é incrível! Como essa perspectiva pode alterar a maneira como você vê a questão ambiental?
4. Sua igreja local tem alguma iniciativa voltada para a proteção do meio ambiente?
5. Reflita sobre o que você aprendeu e transforme essa mensagem em uma postagem para suas redes sociais.
6. Agora que você escreveu... que tal postar de verdade? Lembre-se, seu exemplo e suas atitudes têm um grande poder de inspirar outras pessoas!

DIA 08 - UP - ALTAS AVENTURAS

1. Você perdeu alguém para a pandemia do Covid-19? Como tem sido lidar com isso?
2. Se você respondeu não na pergunta anterior, como tem oferecido suporte aos conhecidos que estão passando pelo luto neste período? Você já entendeu o seu propósito e como pode servir a Deus na sua geração? Como você pode se preparar para este momento em sua vida?
3. Como você lida com as perdas? Quando as coisas não saem conforme o planejado, qual é a sua reação?
4. De que maneira você poderia auxiliar alguém que acredita ter perdido oportunidades de realizar seus sonhos e projetos?

DIA 09 — TOY STORY 3

1. Existem hábitos ou elementos que você precisa abandonar para vivenciar o novo que Deus tem para a sua vida? Separamos algumas palavras que representam padrões comuns na vida de jovens e adolescentes. Abaixo estão algumas categorias para que você possa refletir, caso façam sentido para o seu momento atual. Escreva a prática ou o nome da pessoa correspondente em cada espaço:

Pecados recorrentes:

Pessoas para as quais eu preciso pedir perdão:

Pessoas que eu preciso perdoar:

2. Você se considera uma pessoa madura ou imatura?
3. Como você lida com a imaturidade alheia?
4. Que atitudes você pode tomar para amadurecer como indivíduo?
5. Você entende que existem pessoas ao seu redor que serão beneficiadas com a sua maturidade?
6. Como você reage à afirmação da questão 5? É fácil para você ser um exemplo para os outros?

DIA 10 — RANGO

1. O personagem de hoje percebeu que o seu propósito é além de sua realidade. Você já descobriu qual é o seu propósito de vida? Em sua visão, qual é a melhor maneira de descobrir esse propósito?
2. Começar realizando o que é possível, para depois vivenciar o impossível, é uma excelente analogia para a nossa caminhada cristã. Pensando no tema de hoje, quais são as pequenas ações relacionadas à sua vida espiritual que você pode começar a fazer hoje, que possivelmente irão conduzir a realizações maiores no futuro?
3. A crise de identidade de Rango era querer ser um herói e fazer a diferença, enquanto permanecia seguro e protegido em seu aquário. Foi apenas após uma reviravolta, que o fez sair de sua zona de conforto, que ele pôde ir ao encontro de seu destino. Como você se vê nesse contexto? Você já chegou ao seu próprio "Deserto", onde as pessoas precisam receber o amor de Cristo através de você, ou ainda está sonhando dentro do seu "aquário" – talvez a sua casa ou a sua igreja – onde a sua influência ainda é limitada?

DIA 11 — ENCANTO

1. Na história de "Encanto", Mirabel se sente frustrada por não possuir os dons especiais que seus familiares têm. Você já se sentiu assim em relação aos talentos ou habilidades dos outros em sua comunidade ou família? Como você lidou com esses sentimentos?
2. Os membros da família Madrigal tinham dons especiais, mas ainda assim enfrentaram problemas quando a magia começou a desaparecer. O que essa situação pode nos ensinar sobre a ideia de que todos nós temos fraquezas, independentemente de nossos talentos ou habilidades?
3. A família Madrigal eventualmente revela suas fraquezas para a comunidade, solicitando ajuda para reconstruir sua casa. Como você interpreta essa decisão? Você acha que isso traz algum ensinamento sobre a importância da comunhão e da ajuda mútua em tempos difíceis?
4. O texto fala sobre a multiplicidade dos dons ministeriais na igreja cristã. Você já se perguntou sobre seus próprios dons e como eles podem servir ao corpo de Cristo? Como você acha que pode descobrir e desenvolver esses dons?
5. A história de "Encanto" também trata da importância de valorizar a simplicidade do Evangelho em meio à sociedade do espetáculo. Como você aplica essa lição na sua vida cotidiana? Como você mantém o foco no que é realmente importante em meio às distrações e ao espetáculo do mundo ao seu redor?

DIA 12 — VALENTE

1. Como você percebe a relação entre Mérida e seus pais na história? Você acha que ela agiu de maneira justa ou egoísta?
2. O que o exemplo da princesa Mérida nos ensina sobre a importância de entender as tradições e as expectativas de nossos pais e antepassados?
3. Considerando o versículo de 1 Timóteo 5:8, você acredita que estamos cuidando bem dos nossos familiares, especialmente aqueles mais próximos a nós? Por que?
4. Como o mundo em que seus pais cresceram é diferente do seu? E como isso pode afetar a maneira como eles te criam ou te entendem?
5. Na história, Mérida precisou corrigir seu erro para restaurar a paz em sua família e seu reino. Como podemos aprender com nossos erros e trabalhar para melhorar nosso relacionamento com nossa família?

DIA 13 — FROZEN

1. No enredo de "Frozen", a princesa Elsa teme que seus poderes causem danos e decide se isolar para evitar prejudicar outros. Em sua vida, você já sentiu medo de algo em particular que poderia afetar negativamente os outros, assim como Elsa? Como você lidou com isso?

2. A irmã de Elsa, Anna, busca desesperadamente se reconectar com ela, apesar do isolamento auto-imposto de Elsa. Pode haver situações em sua vida onde você se sente isolado dos outros. Como você poderia buscar restauração e comunhão nessas situações, assim como Anna fez?

3. Em "Frozen", Elsa acidentalmente cria um inverno eterno que traz sofrimento para o povo de Arendelle. De que maneira a falta de compartilhamento do Evangelho pode levar a um "inverno eterno" na vida das pessoas ao seu redor?

4. O texto menciona que quando não cumprimos nossa missão como cristãos, deixamos para trás uma sociedade pior. O que você acha que isso significa em termos práticos? Pode compartilhar exemplos de como você pode cumprir sua missão como cristão na sociedade em que vive?

5. O autor nos encoraja a lembrar que somos embaixadores do Reino de Deus na Terra. Como essa visão impacta sua vida cotidiana e suas interações com os outros? Que ações você pode tomar para honrar esse papel?

DIA 14 — OPERAÇÃO BIG HERO

1. No filme "Operação Big Hero", o personagem Hiro enfrenta uma grande perda e busca vingança antes de entender a importância do perdão. Você já se encontrou em uma situação similar, onde sentiu que a vingança poderia ser a resposta? Como você lidou com esses sentimentos?

2. Hiro e Callaghan lidaram de maneira distinta com a dor que sentiram. Enquanto Callaghan permitiu que seu passado trágico dominasse seu futuro, Hiro conseguiu superar a dor e encontrar um novo propósito. Que lições você tira desses dois caminhos diferentes?

3. O texto destaca que "Não fomos feitos para vivermos isolados, pois somos seres relacionais". Como você tem vivido a importância da comunidade e da unidade em sua própria vida? Existem momentos em que você se sentiu isolado e como conseguiu superá-los?

4. Hiro escolheu perdoar e seguir em frente, uma atitude que o autor enfatiza como sendo "libertadora". Você pode pensar em uma situação onde o perdão liberou você de sentimentos negativos e permitiu que você seguisse em frente?

5. Na carta aos Colossenses, Paulo nos mostra que o perdão deve ser uma prática diária em nossas vidas. Como você tem praticado o perdão em sua vida cotidiana? De que maneira a prática do perdão pode contribuir para a unidade e comunhão com os outros?

DIA 15 — DIVERTIDAMENTE

1. O filme "Divertidamente" explora a importância de todas as emoções em nossas vidas. Em algum momento, você já tentou reprimir ou esconder uma emoção porque pensou que não era apropriada? Como foi essa experiência?
2. O texto sugere que todas as emoções têm um lugar e um propósito em nossas vidas, incluindo a tristeza. Como você entende a importância da tristeza, de acordo com o que foi explicado na história? Como isso se reflete em sua própria experiência?
3. A passagem de Provérbios 16:32 sugere que o controle emocional é mais valioso do que a força física. Na sua opinião, por que o controle emocional é tão importante? Pode dar um exemplo de quando você precisou exercer esse controle em sua própria vida?
4. Riley, a protagonista do filme, aprende a se abrir com seus pais e expressar seus sentimentos. Você se sente à vontade para expressar seus sentimentos com sua família ou amigos? Como você acha que a comunicação aberta sobre emoções contribui para a unidade e comunhão?
5. A lição principal do filme "Divertidamente" é que todas as emoções são importantes e devem ser controladas. Como você pratica o controle emocional em sua vida cotidiana? Como essa habilidade ajuda a construir e manter a comunhão com as pessoas ao seu redor?

DIA 16 — ZOOTOPIA

1. O filme "Zootopia" e o texto base de Mateus 7:15 enfatizam a importância de julgar alguém não apenas por suas palavras, mas também por suas ações. Pode compartilhar uma situação em que você aprendeu essa lição em sua própria vida?
2. "Zootopia" traz uma mensagem importante sobre não sermos enganados por "lobos em pele de ovelha". Na sua opinião, como você pode aplicar essa mensagem em sua vida diária, especialmente considerando a comunidade em que você vive?
3. Em nosso mundo contemporâneo, especialmente com a presença das redes sociais, é muito fácil para as pessoas apresentarem uma imagem falsa de si mesmas. Você pode pensar em situações onde isso aconteceu? Como isso afetou sua percepção de comunidade e unidade?
4. No enredo do filme "Zootopia", a vice-prefeita, uma ovelha, acaba sendo a verdadeira ameaça. Isso é um lembrete de que nem tudo é o que parece à primeira vista. Como você pode aplicar esse entendimento em sua vida para promover a unidade e comunhão?
5. A história de "Zootopia" destaca a importância de analisar palavras e atitudes. Como você acha que a prática dessa análise pode ajudar você a criar uma comunidade mais unida e compreensiva? Como isso pode influenciar sua vida pessoal e espiritual?

DIA 17 — VIVA: A VIDA É UMA FESTA

1. O filme "Viva: a Vida é uma Festa" destaca a importância da família e das tradições. Como esses temas se conectam com a sua vida e com a ideia de unidade e comunhão?
2. O filme também sugere que nossa existência é moldada pelas lembranças de nós mesmos que deixamos para trás. Como você interpreta essa mensagem em relação à sua vida e às relações que você mantém?
3. Em que medida o conhecimento de sua própria história familiar e das gerações que o precederam ajuda a formar sua identidade e compreensão do mundo?
4. A mensagem do filme é que devemos honrar e mostrar nosso amor por nossos entes queridos enquanto eles ainda estão conosco. Como essa mensagem ressoa com você? Isso te inspira a agir de maneira diferente em suas relações?
5. A animação "Viva: a Vida é uma Festa" enfatiza a importância de comunicar o amor e o respeito que sentimos por nossos entes queridos enquanto eles ainda estão conosco. Como você acha que essa comunicação poderia fortalecer a unidade e a comunhão em sua comunidade ou em suas relações pessoais?

DIA 18 — HOMEM-ARANHA NO ARANHAVERSO

1. O filme "Homem-Aranha no Aranhaverso" mostra Miles Morales recebendo a ajuda de outros Homens-Aranhas mais experientes para aprender a lidar com seus novos poderes. Como você percebe a importância da mentoria e do discipulado em sua vida?
2. O filme também destaca a importância da colaboração e da unidade para superar desafios. Como essa ideia se conecta com a sua experiência de vida em comunidade, seja na escola, na família ou em outros ambientes?
3. Miles teve que se adaptar a uma nova realidade e aprender a trabalhar em equipe. Como você lida com mudanças significativas e a necessidade de trabalhar em equipe em sua vida?
4. O filme enfatiza a importância de pertencer a uma comunidade para superar os desafios. Como você enxerga o papel de sua comunidade (família, amigos, escola, etc.) no seu desenvolvimento pessoal e no enfrentamento dos desafios do dia a dia?
5. O discipulado é uma das mensagens centrais do filme, onde o herói mais experiente orienta o mais jovem. Na sua vida, quem são as pessoas que te orientam e como isso tem te ajudado a crescer pessoal e espiritualmente?

DIA 19 — TOY STORY 4

1. Em Toy Story 4, Garfinho passa por uma jornada de autoconhecimento e aceitação, finalmente entendendo seu valor como um brinquedo amado por Bonnie. Você já teve uma experiência em que se sentiu "deslocado", como Garfinho, e como superou esse sentimento?
2. Woody se dedica a cuidar de Garfinho e o ajuda a entender que é mais do que "lixo". Como essa história reflete a importância de ter pessoas que acreditam em nós e nos ajudam a ver nosso valor, especialmente quando não conseguimos ver isso sozinhos?
3. A partir do momento que Garfinho entende que é amado e aceito, ele se torna parte da "família" de brinquedos. Como você entende a importância da comunidade e da unidade na sua vida pessoal?
4. No final do filme, Woody decide seguir seu próprio caminho, mostrando que às vezes é necessário tomar decisões difíceis para o nosso próprio crescimento. Como você lida com situações em que precisa tomar decisões difíceis que podem impactar a sua vida e a de outros?
5. A história de Garfinho e sua jornada de auto aceitação e pertencimento tem paralelos com a ideia de se tornar um "filho" em vez de um "escravo", conforme mencionado no devocional. Em sua vida, qual foi um momento em que você sentiu que fez uma grande transformação, seja na maneira de se ver ou na forma de se relacionar com os outros?

DIA 20 — SOUL

1. O personagem principal, Joe, só percebe o valor das pequenas alegrias da vida após uma experiência quase fatal. Você já passou por alguma situação que mudou drasticamente sua perspectiva de vida e fez com que você valorizasse mais o momento presente?
2. Joe passa uma grande parte de sua vida esperando alcançar seu sonho para ser feliz. Esse comportamento é algo comum em muitas pessoas. Você já se pegou condicionando sua felicidade a um determinado objetivo ou sonho? Como isso afetou sua vida e seu bem-estar?
3. A história de Soul ressalta a importância de apreciar o presente e encontrar alegria nos pequenos detalhes da vida. Você pode compartilhar um momento recente em que encontrou alegria em um pequeno detalhe do seu dia?
4. O filme destaca a importância de estarmos conectados ao Criador para enxergar as pequenas porções de felicidade. Como você mantém essa conexão e como ela ajuda a apreciar as coisas simples da vida?
5. A Alma 22 não deseja voltar à Terra e Joe a ajuda a encontrar uma razão para viver. O que esse aspecto do filme pode nos ensinar sobre a importância do apoio mútuo, da comunidade e da unidade na nossa busca por propósito e felicidade?

DIA 21 — PINÓQUIO

1. Como a história de Pinóquio e a abordagem única de sua produção mais recente podem ser comparadas com o conceito de eternidade de Deus?
2. O que significa para você que Deus considera muitas gerações no futuro ao fazer Seus planos?
3. De que maneira a complexidade da produção de um filme em Stop Motion pode ser comparada com a complexidade da criação de Deus?
4. Como as escolhas que fazemos agora podem afetar nossa eternidade com Deus?
5. Você considera que está vivendo de maneira a refletir a eternidade de Deus? Se não, que mudanças você acha que poderia fazer?

DIA 22 — BRANCA DE NEVE E OS SETE ANÕES

1. Qual a importância de conhecer a Bíblia profundamente para não cair em falsas interpretações e heresias?
2. Como a história da Branca de Neve pode ser usada para ilustrar a importância de preservar a verdadeira história e mensagem de Jesus?
3. O que significa para você ser um transmissor fiel do Evangelho para a próxima geração?
4. De que forma você pode identificar uma interpretação distorcida do Evangelho em comparação com a verdade bíblica?
5. De que maneira a leitura e a compreensão da Bíblia podem ajudá-lo a defender sua fé em um mundo onde "cada pessoa tem sua própria verdade"?

DIA 23 — SUPER MARIO BROS. O FILME

1. Como a atitude de Jack Black em relação à sua tarefa no filme Super Mario Bros. se relaciona com a maneira como devemos encarar as tarefas do nosso dia a dia, segundo a perspectiva bíblica?
2. Por que é importante respeitar a tradição e a história da Igreja e de nossa comunidade local?
3. Como a diferença entre o sucesso do filme de animação de 2023 e o fracasso do filme "Live Action" de 1993 pode ser usada como metáfora para a nossa vida espiritual e para a vida da Igreja?
4. De que maneira você pode aplicar o ensinamento de fazer tudo "como para o Senhor, e não para os homens" em sua vida diária?
5. O que você pode fazer para honrar e valorizar o trabalho daqueles que vieram antes de você na jornada da fé?

DIA 24 — O REI LEÃO

1. Como a história de Simba no "Rei Leão" se correlaciona com a passagem bíblica de 2 Samuel 11:1?
2. De que maneira a negligência nas responsabilidades pode afetar não apenas o indivíduo, mas também a comunidade à sua volta?
3. O que significa ser um "jovem responsável" na família, na igreja e na sociedade, na sua opinião?
4. Como os pequenos gestos podem ter um impacto significativo na transformação de realidades?
5. Por que é importante, como jovens, estar ciente e envolvido nos problemas sociais e políticos da nossa sociedade?

DIA 25 — A ERA DO GELO

1. Como a história de "A Era do Gelo" exemplifica a ideia de superar o mal com o bem, como está escrito em Romanos 12:21?
2. Quais semelhanças você pode ver entre os desafios enfrentados por Manny, Sid e Diego e os que os jovens enfrentam hoje?
3. Como o exemplo de Manny, Sid e Diego pode nos inspirar a resistir ao individualismo, egoísmo e competição na sociedade atual?
4. Por que você acha que é importante para a Igreja cristã unir pessoas solitárias, desajustadas e mercenárias, como aconteceu na história de "A Era do Gelo"?
5. De que maneira os cristãos podem "oferecer a outra face" em situações adversas, como sugerido em Mateus 5:39, e ainda assim fazer a diferença em sua geração?

DIA 26 — MADAGASCAR

1. Como a situação de Alex e seus amigos em Madagascar pode nos ensinar sobre a Providência Divina?
2. Quais desafios e oportunidades você encontra em sua própria vida que podem ser vistos sob a perspectiva da Providência Divina?
3. De que maneira você pode alinhar seus planos pessoais com a vontade soberana de Deus, como sugerido por Tiago em sua carta?
4. Como a história de Ester demonstra a Providência Divina, mesmo sem mencionar explicitamente o nome de Deus?
5. Como a ideia de que "tudo está conectado" se aplica a suas próprias experiências de vida e como isso pode nos ajudar a entender a ação de Deus em nossa vida?

DIA 28 — KUNG FU PANDA

1. Na história de "Kung Fu Panda", Po tem um sonho de aprender Kung Fu e, apesar das dificuldades e descrenças dos outros, ele persiste. Você já teve um sonho que os outros acharam impossível? Como você reagiu a essas dúvidas e o que fez para continuar acreditando e lutando por ele?
2. Po e José são personagens que passaram por muitos desafios e provações, mas em vez de desistirem, eles se tornaram mais resilientes. Pode compartilhar um momento em sua vida em que você teve que ser resiliente? Como essa experiência te mudou?
3. "Kung Fu Panda" mostra como Po, apesar de ser considerado indigno e fraco, se tornou o Dragão Guerreiro, ganhando o respeito de seus mestres e amigos. Que lições podemos tirar dessa história sobre a importância de acreditar em nós mesmos e o impacto que isso pode ter na forma como somos vistos pelos outros?
4. A história de José na Bíblia mostra que, apesar de ser vendido como escravo por seus próprios irmãos, ele foi capaz de perdoá-los e salvá-los da fome. Como você interpreta essa demonstração de amor e perdão? Você já teve que perdoar alguém que te magoou profundamente?
5. O texto menciona a importância de viver os processos da vida com consciência, sabendo que eles existem para nos levar mais perto da realização de nossos projetos. Como você tem lidado com os processos em sua vida? Você acha que eles estão te levando para mais perto de seus objetivos?

DIA 29 — COMO TREINAR SEU DRAGÃO

1. Qual a importância da visão e perseverança de Soluço para a mudança na sociedade viking? Como isso se relaciona com a sua vida e com a comunidade em que vive?

2. O que você pode aprender com a experiência de Soluço para ser um exemplo em sua comunidade, apesar da sua juventude?

3. De que maneira você pode utilizar as tecnologias e recursos do seu tempo para expandir o Evangelho, como sugerido no texto?

4. Como a mensagem de 1 Timóteo 4:12 influencia sua maneira de viver e interagir com os outros?

5. Quais ações práticas você pode tomar para levar a sério seu relacionamento com Deus e com a Palavra, tendo em vista a dependência do futuro da Igreja Cristã?

DIA 30 — RED - CRESCER É UMA FERA

1. Qual a importância da transformação de Mei em panda-vermelho para sua identidade e crescimento pessoal? Como isso pode ser comparado às mudanças que você passa na adolescência?

2. A falta de comunicação entre Mei e sua mãe causou muitos problemas. Como você se sente em relação à comunicação em sua própria família?

3. Como você acha que as rápidas mudanças tecnológicas estão afetando a comunicação e a convivência entre diferentes gerações?

4. De que forma a paciência e humildade podem auxiliar no estabelecimento de uma comunicação mais efetiva entre pais e filhos?

5. O que você pode fazer para melhorar a comunicação com as pessoas ao seu redor, levando em consideração as rápidas mudanças que o mundo está sofrendo?

DIA 31 — MOANA

1. O chefe Tui, pai de Moana, permitiu que um evento traumático do passado ditasse suas ações e decisões presentes. Você pode identificar um evento ou experiência passada que pode estar impedindo você de crescer ou avançar em sua jornada espiritual?
2. No texto base de Isaías, é encorajado a esquecer o que passou e a avançar para o que Deus tem planejado para você. Como você está aplicando este princípio em sua vida atualmente?
3. Considerando a história de Moana, ela enfrentou vários obstáculos para alcançar seu destino, apesar das advertências de seu pai. Em sua vida, como você lida com a resistência ou os obstáculos ao perseguir seus propósitos?
4. O texto sugere duas maneiras de experimentar a vida espiritual: permanecer seguro no barco observando os milagres ou descer do barco e participar ativamente da obra de Deus. Qual dessas abordagens você acha que está seguindo atualmente e por quê?
5. O autor encoraja o leitor a não deixar o passado interferir nas experiências com Deus. Você pode compartilhar um momento em que conseguiu superar um obstáculo do passado para viver mais plenamente sua relação com Deus?

DIA 32 — HOTEL TRANSILVÂNIA

1. No filme, Drácula tenta proteger sua filha, Mavis, de maneira superprotetora. Como a superproteção pode afetar o crescimento e a maturidade espiritual de um indivíduo?
2. Em sua vida pessoal, você sente que é excessivamente dependente de outros (como seus pais) para realizar tarefas simples e cotidianas? Como isso pode impactar sua maturidade espiritual e sua independência como um todo?
3. No texto, o autor menciona que conhece adolescentes que desejam transformar o mundo com seus ideais, mas não conseguem realizar tarefas básicas, como arrumar suas camas. Você acha que essas tarefas do cotidiano têm alguma conexão com a maturidade espiritual?
4. O texto fala sobre a importância de romper com o comodismo e assumir responsabilidades. Como você está atuando em sua vida para assumir responsabilidades e contribuir com sua família ou comunidade?
5. Você consegue identificar alguma área de sua vida em que ainda está se alimentando de "leite" e precisa passar para o "alimento sólido", ou seja, precisa amadurecer e assumir mais responsabilidades? Como você planeja fazer essa transição?

DIA 33 — UMA AVENTURA LEGO

1. No filme "Uma Aventura Lego", Emmet se vê em uma posição de liderança, apesar de não se sentir um mestre construtor. Em sua vida espiritual, você já se sentiu pressionado a assumir um papel para o qual não se sentia preparado? Como você lidou com essa situação?
2. O personagem principal, Emmet, descobre que o verdadeiro poder está dentro de cada um de nós. Como essa revelação se relaciona com a sua compreensão de seu próprio crescimento e maturidade espiritual?
3. No decorrer da história, Emmet deixa de se comparar aos demais e passa a construir itens inigualáveis. Como a comparação com os outros pode afetar o desenvolvimento da sua identidade e maturidade espiritual?
4. A história de Pedro na Bíblia mostra uma transformação significativa de caráter. Quais experiências em sua vida o fizeram crescer espiritualmente e mudar como Pedro?
5. Todos estamos em constante construção, como Emmet no filme. Como você tem se esforçado para se parecer mais com Cristo a cada dia? Que desafios você encontrou nessa jornada?

DIA 34 — DETONA RALPH

1. Na história de Detona Ralph, Turbo manipula a memória dos personagens para esconder a verdadeira identidade de Vanellope e mantê-la rejeitada. Você já se deparou com situações em sua vida em que sentiu que as mentiras ou a desinformação o estavam afastando do seu verdadeiro propósito?
2. Considerando a história de Vanellope, como você acha que a verdade e a transparência podem afetar nossa jornada espiritual e nosso propósito de vida?
3. No mundo atual, onde a desinformação é comum, como você verifica a veracidade das informações que recebe antes de compartilhá-las?
4. Considerando que as "fake news" são essencialmente mentiras, qual você acha que é o impacto espiritual de compartilhar desinformação, mesmo que inadvertidamente?
5. O texto menciona a primeira "fake news" da história contada pela serpente a Eva no Jardim do Éden. Como você acha que o conceito de "fake news" se aplica à sua compreensão de verdade e mentira na espiritualidade? Como isso pode influenciar suas ações futuras para evitar a disseminação de desinformação?

DIA 35 — TÁ CHOVENDO HAMBÚRGUER!

1. Na animação "Tá Chovendo Hambúrguer", Flint Lockwood se deixa levar pela admiração cega por Chester V. Alguma vez você já se pegou em uma situação parecida, idolatrando uma figura pública ou influencer? Como isso influenciou suas decisões e sua percepção do mundo?

2. No mundo moderno, a idolatria pode assumir muitas formas, como a obsessão por celebridades ou a busca por reconhecimento nas redes sociais. Você já percebeu algum tipo de idolatria em sua vida? Como você lida com isso?

3. Flint Lockwood busca reconhecimento e aceitação através de suas invenções. Você já sentiu a necessidade de fazer algo semelhante? Como isso afetou sua espiritualidade?

4. O culto à personalidade é uma forma comum de idolatria hoje em dia. Como você se protege desse tipo de influência? Quais estratégias você usa para manter seu foco em Deus?

5. A história de "Tá Chovendo Hambúrguer" sugere que depositar nossa fé e esperança em indivíduos falíveis pode levar à decepção. Como você mantém sua fé centrada em Deus, apesar das pressões e influências do mundo ao seu redor?

DIA 36 — CARROS

1. Na história de "Carros", Relâmpago McQueen começa como um carro arrogante, mas aprende o valor da humildade ao longo do caminho. Em algum momento de sua vida, você já teve uma experiência semelhante de mudança de atitude? Como isso afetou seu crescimento espiritual?

2. A humildade de Relâmpago McQueen faz com que ele decida abrir mão de uma vitória para ajudar um companheiro. Como você pode aplicar essa lição de altruísmo e solidariedade em sua vida cotidiana?

3. A humildade é muitas vezes mal interpretada como sinônimo de humilhação. Em sua perspectiva, como você define a verdadeira humildade?

4. A jornada de McQueen é uma analogia para a nossa sociedade competitiva. Você já sentiu a pressão para "vencer" em detrimento de valores como a amizade e a humildade? Como você lidou com isso?

5. A animação "Carros" nos ensina que a humildade é uma maneira de protegermos a nós mesmos de estacionar na vida. Como você mantém sua humildade para continuar aprendendo e crescendo espiritualmente? Que desafios você enfrenta ao fazer isso?

DIA 37 — MEU MALVADO FAVORITO

1. No filme "Meu Malvado Favorito", Gru começa como um vilão isolado e se transforma em um pai amoroso através de seu relacionamento com as três irmãs. Em sua vida, houve algum relacionamento que te ajudou a crescer e se transformar de forma semelhante?
2. O devocional destaca a importância da mutualidade na vida cristã. Você sente que há equilíbrio em suas relações, onde você tanto doa quanto recebe? Como você se sente quando percebe essa mutualidade ou a falta dela?
3. No texto, o autor menciona que "a vida cristã flui necessariamente em dois sentidos principais: ao mesmo tempo em que doamos nossas vidas em prol de uma causa, somos transformados por ela através de outras pessoas que o Senhor coloca em nosso caminho". Você consegue identificar uma experiência em sua vida que exemplifique essa afirmação?
4. Gru acolheu os Minions e as irmãs, mesmo sendo improvável. Você já se viu em uma situação onde sentiu ser chamado para acolher alguém em sua vida, mesmo que fosse improvável ou desconfortável inicialmente?
5. A passagem menciona que na vida cristã, não há espaço para a solidão. Você já sentiu solidão em sua jornada espiritual? Como você procurou superar esse sentimento e encontrar comunidade e conexão?

DIA 38 — A FUGA DAS GALINHAS

1. Em "Fuga das Galinhas", Ginger e as outras galinhas não podem se dar ao luxo de procrastinar sua fuga. Em sua própria vida, você já se viu adiando decisões ou ações importantes? Como isso afetou sua vida espiritual?
2. No texto, é destacado o valor do tempo e a necessidade de aproveitá-lo com sabedoria. Como você está investindo seu tempo atualmente? Você acredita estar focando nos aspectos certos da vida?
3. Ginger, a líder das galinhas, está constantemente atenta aos sinais de perigo e procura maneiras de escapar. Como você se mantém consciente dos perigos espirituais em sua vida e quais estratégias utiliza para evitá-los?
4. A narrativa do filme destaca a importância da tomada de decisões e ações no tempo certo. Na sua jornada espiritual, houve momentos em que você sentiu que deveria ter agido mais rápido ou tomado uma decisão mais cedo?
5. "Fuga das Galinhas" ressalta a importância de valorizar o tempo e não adiar ações importantes. Na sua perspectiva, como se relaciona a ideia de não procrastinar com a maturidade espiritual? Você consegue identificar áreas da sua vida espiritual que necessitam de atenção imediata?

DIA 39 — LORAX

1. No filme "Lorax: em Busca da Trúfula Perdida", Umavez-ildo fez escolhas que levaram a consequências devastadoras para a natureza. Na sua vida, houve algum momento em que você fez uma escolha sem considerar completamente as consequências? Como você lidou com isso?

2. Umavez-ildo foi influenciado pela sua família a tomar decisões que acabaram prejudicando o meio ambiente. Em sua jornada espiritual, você já sentiu pressão de pessoas próximas para agir de uma maneira que não condiz com seus princípios? Como você lidou com essa situação?

3. O filme destaca a importância de fazer escolhas conscientes e sustentáveis, mesmo que isso signifique um ganho financeiro menor. Em sua opinião, como você pode aplicar este princípio em sua vida diária e em suas decisões?

4. O personagem Ted, em sua jornada, toma para si a responsabilidade de plantar a última semente de trúfula e convencer a cidade a cuidar dela. Como você pode se responsabilizar pelo bem-estar da sua comunidade ou do meio ambiente em que vive?

5. No final do devocional, é mencionado que muitas vezes precisamos ouvir verdades indigestas de pessoas que realmente se importam conosco. Você já passou por uma experiência onde teve que ouvir uma verdade difícil, mas necessária? Como isso afetou sua jornada de maturidade espiritual?

DIA 40 — O PRÍNCIPE DO EGITO

1. A história de Moisés demonstra a importância da educação e do conhecimento para o cumprimento de nosso propósito na vida. Como você vê o papel da educação em sua própria jornada?

2. O texto menciona a palavra APOLOGÉTICA, a defesa da fé. Por que é importante conhecer e entender os fundamentos da sua fé, especialmente quando confrontado com outras filosofias ou religiões? Como você se prepara para tais situações?

3. Da mesma forma que Moisés usou seu tempo como príncipe do Egito para se preparar para o futuro, como você acredita que suas experiências atuais estão preparando você para o futuro? Pode compartilhar um exemplo de algo que você está aprendendo agora que acredita que será útil em seu futuro?

4. Na história de Moisés, ele foi colocado em uma situação muito diferente de sua origem, mas isso o preparou para sua missão futura. Você já teve alguma experiência em sua vida que inicialmente parecia fora de lugar ou estranha, mas que posteriormente se mostrou muito valiosa?

5. Encorajamos você em sua jornada de aprendizado e crescimento, mesmo após o fim deste devocional. Quais são seus próximos passos planejados para continuar crescendo e aprendendo, seja na sua fé, educação ou outra área da vida?

152